Nevfel Cumart

# Im Hinterland des Halbmondes

Gedichte eines Zweiheimischen

MCE

MedienContor Elbe

Nevfel Cumart

# Im Hinterland des Halbmondes

## Gedichte eines Zweiheimischen

Dieser Band enthält eine Auswahl an Gedichten
aus den Jahren von 1983 bis 2023.

## Impressum


(Medien Contor Elbe)
Sietwender Straße 73, D-21706 Drochtersen
Internet: www.mce-verlag.de, Mail: info@mce-verlag.de

Titelgestaltung: Fly-out Werbeagentur, Bamberg
Satz: kobold-layout.de Mediengestaltungen, Bamberg
Druck: Clausen & Bosse, Leck

1. Auflage Dezember 2023 (Originalausgabe)


ISBN: 978-3-938097-60-1

# Inhalt

# die bürde
# zweier welten

## zwei welten

zwischen
zwei
welten
inmitten
unendlicher
einsamkeit
möchte
ich eine brücke sein

doch kann ich
kaum fuß fassen
an dem einen ufer
vom anderen
löse ich mich
immer mehr

die brücke bricht
droht mich
zu zerreißen
in der mitte

## ich bin der ...

ich bin der
den zu verstehen
sie kaum vermochten

der sang als er weinen sollte
und weinte als er sprechen sollte
der sprach als er schweigen sollte
und schwieg als er lachen sollte
der lachte als er lieben sollte
und liebte als er sterben sollte
der starb als er leben wollte
und kaum zu leben vermochte

## strategie

meines vaters
fremde
ist meine
heimat geworden

meine heimat
ist die
fremde
meines vaters geblieben

wo wir uns
begegnen
ist niemandsland

## auf den spuren des lebens

mit achtzehn jahren
entschied sich mein
vater für die fremde
auf den spuren des lebens

mit achtzehn jahren
entscheidet sich sein sohn
für eine heimat in der fremde
auf den spuren des lebens

## zweite generation

auf unseren
schultern
die bürde
zweier welten

unser geist
ein schmelztiegel
im flammenmeer
tausendjähriger kulturen

sind wir
freunde der sonne
und der nacht

## tod und ich

als die nacht einbricht
stehen wir
uns gegenüber
    tod und ich

lange schauen wir uns an
schweigend verhandeln wir
miteinander
    jeder seinen
    teil fordernd

gegen morgengrauen schließlich
trennen wir uns
schweißüberströmt beide
    alles bleibt
    wie es war

## urteil

mein vater
der greise patriarch
meine mutter
die leidende halbgöttin

stießen mich
in ihre welt
mit dem richtspruch
der sohnschaft
lebenslänglich

begnadigung schien nicht in sicht
zur wolfsbrut wurde ich
schlug meine eckzähne
in fleischige zukunft

# vergeblich

du kannst flüchten
versuche es
zähle die schritte nicht

du kannst klagen
versuche es
zähle die flüche nicht

du kannst weinen
versuche es
zähle die tränen nicht

du kannst schweigen
versuche es
zähle die stunden nicht

du kannst träumen
versuche es
zähle die bilder nicht

viel nützen
wird es nicht –
du mußt
die traurigkeit umarmen

## währenddessen

während ich
dieses gedicht schreibe
beginnt für einige gleichaltrige
im gefängnis von adana
der sechzehnte tag
ihres hungerstreiks

während ich
dieses gedicht schreibe
bricht der schwarze
ein student wie ich
auf den straßen johannesburgs
mit blutigem kopf zusammen

während ich
dieses gedicht schreibe
schlägt das herz
meiner cousine
so jung wie das meine
vom krebs zerfressen
zum letzten mal

und ich
schreibe gedichte
sitze an meinem schreibtisch
scheinbar
schreibe gedichte
während ihr diese zeilen lest

## einsamkeit

ich habe dich gespürt
lange schon bevor
ich dich erkannte
inmitten lauter menschen
in meinem zimmer

ich war nicht in
der wüste
in keiner abgeschiedenheit
mein zimmer nur
vier wände
und die schläge meines vaters

ich spreche viele sprachen
kenne unzählige worte
doch beim lachen anderer
verstumme ich oft –
worte helfen nicht

ich bin nicht
einsam
die einsamkeit ist
in mir

# meine bücher

als ich aus dem licht in das dunkel
meines zimmers trat
bemerkte ich wie zum ersten mal die umrisse
meines tisches gegen die nacht

plötzlich wie ein windhauch förmlich fühlte ich
meine bücher an der wand
hunderte von büchern abertausende von seiten
ich spürte den geist vieler schreiber
ihre gedanken hörte ihre worte
die unzähligen lektionen die sie mich lehrten

pazarkaya fried hikmet und hesse
frisch aitmatow und all die anderen
meine bücher
die schon seit anbeginn meiner liebe
meinen weg begleiten
die mich führten mich prägten

meine bücher
die mir geduld und trost
aufs neue kraft und hoffnung gaben
die soviel beitrugen zu meiner menschlichkeit
meine bücher
jedes einzelne ein erlebnis für sich
ein abschnitt leben ein kapitel liebe

ich lehnte mich mit dem rücken
an meine bücherwand aus süßkirschenholz
fühlte diese pulsierende lebenskraft
war eins mit diesen menschen
die meine einsamkeit mit mir teilten
die mich auch nunmehr nicht alleine lassen werden

## soziales engagement

morgens
wenn die wolken noch schlafen
kitzle ich die sonne
um eure stunden zu retten

gegen mittag
wenn alle bäume stöhnen
lese ich ihnen märchen vor
damit euer atem nicht stockt

abends schließlich
wenn der mond die sonne beiseite rückt
streue ich träume
in den schlaf eurer kinder

wer sonst sagt mir einmal
sorgt sich so sehr um euer wohl?

## lebenslehre

wie ich
zu leben habe
erfuhr ich
oft abends
von meinem vater

mit jedem schlag
etwas genauer

## deutsche staatsbürgerschaft

ein hektographiertes schreiben
mit postzustellungsurkunde
briefkopf bezirksregierung lüneburg
eine anlage unterstrichen
dreieinhalb zeilen rechtsbehelfsbelehrung
darunter ein siegel
hinzu eine beglaubigung

zwischen all den sätzen
paragraphen und abkürzungen
inmitten der kästchen pünktchen
klammern lücken
binde- und querstrichen
schließlich der lang ersehnte satz
unauffällig kurz fast versteckt:
ihrem einbürgerungsbegehren
ist stattgegeben worden

nach neun erbärmlichen jahren
fast auf den tag genau
führt die odyssee
endlich in einen sicheren hafen –
zumindest aufenthaltsrechtlich

## ein fetzen heimat

aus der bundesdruckerei
grün dünn eingeschweißt
sechsundsiebzig quadratzentimeter –
nach neun erbärmlichen jahren
endlich ein fetzen heimat

bezahlt
mit gedichten die das leid hervorbrachte
mit schlägen die die ohnmacht verdeckten
mit amtsärztlichen untersuchungen zwanzig mal

bezahlt
mit anwälten die resigniert das handtuch warfen
mit demütigungen an grenzen die versperrt blieben
mit freundschaften die an diesem weg zerbrachen

mit all dem
und mehr
teuer bezahlt
viel genützt aber
hat es nicht:
    der standesbeamte in bamberg
    erkannte ihn nicht an
    meinen personalausweis –

    ein fetzen heimat
    zugesprochen zwar
    doch das arabische gesicht
    ist geblieben

## über die heimat I

sie fragen mich
ob ich nicht wieder
zurückkehren will
in die heimat

ich frage mich
ob es ein
zurück gibt
in ein land
in dem es kein
beginn gab

## über die heimat II

mein vater
kehrt in die türkei zurück
er möchte nicht
in der fremde sterben

auch ich möchte nicht
in der fremde sterben
und entschließe mich
in bamberg zu bleiben

# ach deutschland

ach deutschland
du hast mich zur welt gebracht
irgendwo an der biegung des rheins
in deinem schoß bin ich aufgewachsen
ob ich es wollte oder nicht
du bist das land meiner kindheit

auf deinen straßen
spielte ich sonntags fußball
unbehelligt von autofahrern
in deinen flüssen wäre ich fast ertrunken
und in deinen armen
küßte ich das erste mädchen

ach deutschland
meine gedichte schreibe ich in deiner sprache
sie erfüllt meine zeilen mit leben
deine städte sind mir fast alle bekannt
manche deiner kinder sind meine freunde geworden
sie habe ich verteidigt
und mit ihnen dich
gegen alle klagen aus unseren reihen

ach deutschland
und dennoch hast du mich lange gequält
deine beamten haben mich schikaniert
jahrelang an meinem körper genagt
wenn ich auch nicht deutschen blutes bin
und mein großvater nicht in der ss gewesen
so habe ich dir doch endlich einen paß abgerungen
nach neun jahren quälender warterei

sag einmal
was soll eigentlich mit meinen kindern geschehen
sie sind nicht blond
auch nicht blauäugig
welch eine zukunft willst du ihnen bescheren
vielleicht schlimmer noch als meine vergangenheit?

ach deutschland
wie tief bist du schon gesunken
jetzt bewirfst du sogar
deinen bundespräsidenten
den einzig aufrechten
in deinem politischen filz

ach deutschland
du bist mir heimat geworden
mir ans herz gewachsen
doch du mein deutschland
du bist nicht mehr was du einst warst
du bist größer geworden und mächtiger
bist hart geworden und unduldsamer
in deinen poren brennt der haß
in deinen städten wächst die gewalt
in deinen häusern
verbrennen kleine kinder in der nacht
der türkische name
in meinem deutschen paß
scheint gefährlich zu werden
auf deinen straßen

sag einmal
nach achtundzwanzig jahren odyssee
bin ich bei dir angelangt
soll ich mir nun
eine neue heimat suchen?

# dichterleben

die erste hälfte meines lebens
verbrachte ich ohne gedichte –
    das war die unbeschwerte zeit
die andere hälfte
begleiten mich meine verse –
    das ist die verwundete zeit

warum ich schreibe?
manchmal um zu verstehen was gewesen ist
manchmal um zu verstehen was geschieht
und manchmal schreibe ich
um zu verstehen was im kommen ist

wann ich schreibe?
überall und zu jeder zeit
kann es geschehen –
nicht ich suche die gedichte
die gedichte finden mich

ob ich davon leben kann?
nicht davon leben
aber überleben
nicht satt werden
aber den hunger stillen

ob mir die ideen ausgehen?
es liegt nicht allein
in meiner macht –
kann ich verhindern
daß die erde kreist?

## austreibung

bitte hauch mich nicht so an herr
nie steckte ein teufel in mir
nimm deine hand von meiner stirn
mein kopf ist nicht besessen herr

weder belagert nacht meine seele
noch kratzten krähen mir die augen aus
mit gewalt nur zwingen sie mich zu dir
sie sind die wahren blinden glaube mir

die wölfe vertrieben mich aus dem wald
findet nicht jedes geschöpf seinen weg
nun ziehe ich mit den ameisen herr
unter himmelssteinen findest du mich

## bettler

eine hand voll
zwiebel schenke mir
ich möchte satt werden ein wenig

eine schüssel voll
wasser schenke mir
ich möchte den durst stillen
einen satz voll
worte schenke mir
ich möchte das schweigen vergessen

ein wenig
nacht schenke mir
ich möchte schlafen ein wenig

# der ruf meiner mutter

meine mutter
hatte einen ruf als begnadete köchin
weit über stade hinaus
pries man ihre gerichte
selbst aus bielefeld hamburg und kiel
kamen gäste um ihr essen zu genießen
und wenn das lob am tisch
nicht enden wollte
schlichen sich kurze momente
des glücks in unsere wohnung

irgendwann wurde das herz meiner mutter zu schwach
ihr gehirn bekam nicht genug blut –
sie begann zu vergessen
vieles aus ihrem leben ging verloren
auch die rezepte für die köstlichen speisen
die ihren ruf begründeten

die vergangenheit holte meinen vater ein:
am anfang der reise
als er in die fremde kam
lebte er alleine mit seinen briefen aus der heimat
kochte für sich mehr schlecht als recht
jetzt am ende der reise
als invalide in der heimischen fremde
lebt er alleine mit seiner frau
und kocht wieder
mehr schlecht als recht

# arbeitsleben

mein vater hatte den schlaf eines vogels
er erwachte immer vor dem morgengrauen
verließ das haus im dunkeln
arbeitete den ganzen tag
kehrte oft spät abends heim

unser badezimmer roch
nach seiner arbeit
auf der waschmaschine lagen
die schwere blaue jacke mit den brandspuren
das flanellhemd der pullover
obenauf die dicke hose mit dem breiten gürtel
und dem eisen mit dem er seine kennnummer
in die verschweißten rohre stemmte

lange zeit ging es gut –
zuerst erschlaffte sein rechter arm
dann erblindeten seine augen
schließlich zerbrach seine wirbelsäule

zuerst ermahnten sie ihn
dann kürzten sie seinen lohn
schließlich entließen sie ihn

und weil sie ihn über zwanzig jahre
ohne sozialversicherung beschäftigt haben
reicht seine invalidenrente
für die miete nicht aus

## mein bruder haluk

ich war nicht alt
als mein bruder kam
kurz nach der sturmflut
die unsere wohnung vernichtete

er kam zu spät mein bruder haluk
sie hatten ihn im bauch meiner mutter vergessen
die ärzte im stader krankenhaus
und in einem anderen krankenhaus
fern von uns blieb er die meiste zeit

jeden sonntag fuhren wir ihn besuchen
andere familien machten ausflüge
gingen ins kino verbrachten stunden im eiscafé
wir hatten unsere trauer

einmal nur war er für zwei wochen
bei uns zu hause
und als ich seinen zerbrechlichen leib
in meinen armen hielt
spürte ich zum ersten mal
den atem gottes

er brauchte fünf jahre
für seinen leidensweg –
ich war längst alt
als mein bruder starb

# das kopftuch meiner mutter

den kopf meiner mutter
schmückte ein tuch
ein stoff aus aleppo
getränkt mit dem blut der baumwolle
getrocknet in der flammenhitze
der tiefen ebene bei adana

das tuch aus aleppo
war meiner mutter heilig
keinen tag legte sie es ab
keine nacht hängte sie es auf

wenn der wind über das gesicht meiner mutter strich
verfingen sich gebete in ihrem tuch
wenn die greisen meister die mythen besangen
verfingen sich arabische verse in ihrem tuch
wenn gott seinen atem hauchte
verfing sich vergebung in ihrem tuch

auf ihrem steinigen weg
wird meine mutter zusehends kleiner
ihr kopftuch immer größer
wenn sie eines tages stirbt
wird es ihr leichentuch

## fremd geblieben

seitdem ich denken kann
begegnet mir das tarzan-deutsch:
was du wollen hier?
du nix essen schweinefleisch?
du haben pasaporta?
und viele andere absurditäten

ich verstehe plattdeutsch
wie meine muttersprache
ich höre gerne schwäbisch
erfreue mich an den endungen
oberbayrisch schätze ich
wegen der weichen laute
doch
ein türkisches gesicht
ein arabischer name
ein schwarzer bart
reichen schon aus
um überall mit dem tarzan-deutsch
konfrontiert zu werden

ich habe mich hier nie fremd gefühlt
denn ich hatte kein leben
außerhalb deutschlands
doch für die menschen
in meiner heimat
bin ich wohl immer fremd geblieben

## jenseits der worte

als kind
lebte ich ohne zeit
es kam der mond
es kam die sonne
mein vater ging zur arbeit

der tag hatte unendliche stunden
die woche bestand aus abenteuern
der monat war voller licht nicht greifbar
das jahr ein fluß aus fremden welten

es kam der mond
es kam die sonne
mein vater ging zur arbeit

als kind
lebte ich ohne zeit –
nicht einmal
die noten
in der schule
konnten mich erschrecken

# das lied der fremde

am tag
sah ich das abgeschlagene schilfrohr
in den augen meiner mutter
die kalligraphien der greisen meister
das geflügelte pferd des propheten

in den nächten
brannten die augen meiner mutter

am tag
sah ich das rot der tomate
in den augen meiner mutter
das grün der okraschote
das gelb der honigmelone
das weiß der baumwolle

in den nächten
brannten die augen meiner mutter

am tag
sah ich die verdorrten disteln
in den augen meiner mutter
die mücken in den sümpfen
die schlangen im dickicht

in den nächten
brannten die augen meiner mutter
das morgengrauen
löschte die flammen –
oft

## vater cumarts staatsbürgerschaft

seit 48 jahren
lebt mein vater in deutschland
48 jahre in deutschland
länger als mein gesamtes leben
in deutschland –
immer arbeitsland
meist sehnsuchtsland
oft bitterland
manchmal hoffnungsland
selten freundesland
kaum glücksland
lange fremdesland
schließlich heimatland
deutschland

hier sah er zum ersten mal schnee und eis
hier kamen drei seiner kinder auf die welt
hier lernte er die farben der fremde kennen
hier schweißte er fleißig rohre bei tag und bei nacht
hier verlor er sohn und frau an den tod
hier erhält er seine kärgliche invalidenrente

seit 48 jahren
lebt mein vater in deutschland
48 jahre in deutschland
länger als mein gesamtes leben
in deutschland
und dennoch würde er
die deutsche staatsbürgerschaft
wohl nicht erhalten
weil er den handgeschriebenen aufsatz
nicht verfassen kann
den die meisten
deutschen hauptschüler
auch nicht schreiben können

# reise ohne rückkehr

als mein vater
von adana aufbrach
nach deutschland kam
empfingen sie ihn
mit offenen armen

hände ringend
suchten sie damals
arbeitskräfte
die zum einsatz bereit waren
sprachlos und bescheiden
ängstlich und fleißig

nach dreißig jahren
suchten sie
hände ringend nach wegen
um meinen vater los zu werden

einfach wurde es nicht für sie:
er war ein guter schweißer
geschickt unermüdlich gewissenhaft
er war ein guter kollege
gelehrig genügsam geduldig

doch sein körper zahlte tribut
an drei jahrzehnte hitze kälte regen wind
schließlich erklärten sie ihn zum invaliden
und schickten ihn heim –
nach stade

# sehnsucht verschwommen

der schlaf kommt in bamberg
die träume ziehen nach adana

das lachen kommt in bamberg
die tränen fließen nach adana

das rechte auge sieht
den schnee auf den feldern
das linke blickt auf
die glut der baumwolle

das linke bein steht
fest auf dem domplatz
das rechte kniet
im hof der merkez moschee

die eine hand streichelt
den hund im garten
die andere führt
das lamm zum opferplatz

der tod kommt in bamberg
das grab ruft in adana

## schutzlos

aus angst
vor der fremde
floh meine mutter
in das schweigen –
    ihre lippen zitterten

aus angst
vor der kälte
biß sich meine mutter
in die finger –
    ihr blut gefror

aus angst
vor der sehnsucht
floh meine mutter
in die krankheit –
    ihr herz verzagte

aus angst
vor der trennung
floh meine mutter
in den hunger –
    ihre brüste verwelkten

der arabische talisman
mit den heiligen versen
konnte sie nicht schützen und
ohne daß
die wände es hörten
ohne daß
die tauben es sahen
ohne daß
selbst die sterne es bemerkten
kroch die nacht
in die augen meiner mutter

## leere

der höchste berg schon erklommen
das tiefste meer schon vermessen
säbelzahntiger längst ausgestorben –
propheten verschwunden

die längste straße schon befahren
das entlegenste dorf schon entdeckt
mammuts längst ausgestorben –
engel verschwunden

die wüsten durchquert
die wälder abgeholzt
das traurigste lied
schon gesungen
das schönste gedicht
vielleicht schon geschrieben –
was bleibt noch?

## neues leben

ich werde nicht sterben –
in dieser nacht
voller sterne
gehe ich erneut
auf die jagd
im mondlicht

werde sie fangen
mit blanken händen
die träume gottes

## warum ich keine uhr trage

als wir kleine kinder waren
drohte uns unsere mutter

unser vater sähe alles
was wir am tag böses taten

genau in seiner armbanduhr –
würde uns am abend bestrafen

mein vater wunderte sich
daß wir uns nicht freuten
abends wenn er nach hause kam

## kurze migrationsgeschichte

der mann
brachte sie
nach deutschland

sie schwieg
sie fror
sie zitterte
sie lachte
sie weinte
sie litt
sie starb

der mann
brachte sie
zurück

## stolze eltern

meine eltern
waren stolz darauf
daß sie uns nie mitnahmen
wenn sie abends
bekannte und freunde besuchten

worauf sie stolz waren
weiß ich bis heute nicht
vielleicht weil sie sich
von anderen familien unterschieden
weil ihre kinder gehorsam waren
und zeitig schliefen vielleicht

der älteste war ich
ich war der beschützer
meiner brüder
hütete ihren schlaf
in den einsamen nächten

noch dreißig jahre später
erwache ich
wenn das atmen meiner frau
für einen augenblick verstummt

# die paar mal

als ich in der dunklen garage
den weg zu einer neuen familie fand
deren glück und leid mein leben wurde

als nach sechs endlosen jahren
meine erste liebe zerbrach
und meine haut in flammen versetzte

als ich nach meiner ersten lesung
die nacht in schlafloser angst verbrachte
während meine freundin ahnungslos schlief

als die studenten an der universität in ankara
nicht aufhörten zu applaudieren
obwohl ich bereits drei stunden gelesen hatte

als ich von dem tod meines freundes erfuhr
durch eine schlichte weiße karte
darauf ein gedicht von mir

als ich die hügelige piste
am flughafen von galway sah
eine achterbahn deren ende in den feldern verschwand

das waren die paar mal
als ich keine worte fand
um sie in verse zu gießen

# ein dichter

sie nennen mich dichter
ich schreibe gedichte
spucke etwas feuer
bevor ich verbrenne

sammle unrat des tages
beobachte die sterne
hänge an dem wirbelwind
lasse mir zeilen diktieren

ich werbe für die liebe
und lindere die sehnsucht
preise ewige hoffnung
lasse die sonne scheinen

sie nennen mich dichter
ich schreibe gedichte
mühseliger wird es
von zeile zu zeile
märchen zu erzählen
in dieser spröden zeit

## fast ein rundbrief

ich bin
in erster
linie
mensch
schlicht
und
ergreifend
ein mensch

danach erst:
türke
ausländer
betroffener
benachteiligter
ausgestoßener...

warum also keine liebesgedichte?

## über die sprache I

die sprache meiner eltern
ist arabisch
heimlich nur gesprochen

die sprache ihres landes
ist türkisch
gesprochen auf der straße

in der geborgten heimat
ist deutsch
die sprache meiner gedichte

# kindheit

als kind
fürchtete ich mich
vor dem heimkommen meines vaters
vor seinen bösen blicken und den schlägen
vor den erdrückenden sonntagen
und der uhr an der nackten wand

als kind
fürchtete ich mich
vor der endlos langen nacht
die mir kaum schlaf brachte
aber viel traurigkeit und
träume mit offenen augen

als kind
freute ich mich
auf die stunden in der schule
auf das ausführen der hunde
auf den nachmittag auf dem bolzplatz

und
weil meine mutter
immer krank war
wir keine waschmaschine besaßen
weil ich mich nie
schmutzig machen durfte
wurde ich zu dem fußballer im dorf
den niemand vom ball trennen
den niemand einholen
den niemand foulen konnte
und der die meisten tore schoß

# ankommen

mein vater wurde gerufen
um hier zu arbeiten

er blieb zehn jahre
und hörte: anwerbestop!

er blieb zwanzig jahre
und hörte: rückkehrförderungsmaßnahme!

er blieb fünfundzwanzig jahre
und hörte: die ausländer nehmen uns die arbeit weg!

er blieb dreißig jahre
und hörte: das boot ist voll!

er blieb fünfunddreißig jahre
und hörte: unsere gesellschaft kippt!

er blieb vierzig jahre
und hörte: lieber kinder statt inder!

er blieb fünfundvierzig jahre
und hörte: deutschland ist kein einwanderungsland!

mein vater bleibt
mit seinem grauen paß
darauf ein halbmond mit stern –
wann darf er hier ankommen?

## bildsprache

ein vergilbtes foto
aus dem jahre 1964
mit wasserflecken an den rändern
spuren der sturmflut
die uns alles nahm

darauf meine tante schahdiye
deren milch ich trank
darauf meine mutter
vom gift gelähmt
von den ärzten verlassen
darauf ich
das gift überlebt
von der angst verlassen
wenige monate alt und ahnungslos
darauf armut
darauf hitze
darauf trauer

das vergilbte foto
trug mein vater stets bei sich
und wenn ein bauprojekt beendet
die auszahlung erfolgt war
und wenn die arbeiterkarawane
im aufbruch
die lage kritisch war
für meinen vater
zeigte er das vergilbte foto seinen chefs –
sie sahen
wofür er arbeitete
in der frostig-fernen fremde
und kündigten ihm nicht

## im verträumten wiegensitz

auf den knien meiner tante
gebettet in weiße wolle
erblickte ich diese welt
im verträumten wiegensitz

in ihren augen verschmolzen meere
gesichter der menschen blitzten darin
mit ihren nächtlichen liedern strömten
die mythen der erde in meinen schlaf

die zeit zerfloß bei ihren worten
honigschwer wurden meine lider
von ost nach west schaukelte sie mich
auf den göttlichen flügeln der nacht

ihre küsse linderten meinen schmerz
ihr lachen vertrieb auch den bösen blick
mit gebeten hielt sie mich am leben
nie ahnend daß ich verloren gehe

## mit henna an den fingern

das eichhörnchen sammelt nüsse
springt von baum zu baum
sucht unentwegt
damit der schnee kommen kann

ich sammle träume
lauere ihnen auf
in den mondbeglänzten nächten
von stunde zu stunde
gieße sie dann in verse
damit der morgen kommen kann

## zweiheimisch

der ruf des muezzin
dringt in ein ohr
das läuten der glocken
erfüllt das andere

die trockene erde
rieselt durch die finger
der schnee schmilzt
in der anderen hand

die gebete des propheten
trage ich im herzen
das kreuz jesu
auf den schultern

der rauch des kebapgrills
zieht in die nase
der duft vom gerösteten malz
gesellt sich dazu

mit einem bein
bin ich
in bamberg
in adana
mit dem anderen

es geht
so gut
es eben geht

# krautsand

damals schwamm ich in der elbe
spielte am sandigen ufer mit stock und stein
barfuß ohne stunde ohne minute

die ponies mit den zottigen mähnen
mutig ritt ich auf ihnen
ohne sattel ohne vater ohne mutter
der esel meines lehrers
den ich am schwanz zog
ohne bisse ohne huftritte
der erste kuß
vielleicht war es ein kuß
im gebüsch

und die kühe auf der weide
die uns milch gaben
und die gräben
über die ich sprang ohne angst
und die apfelbäume
und die birnbäume
und die pflaumenbäume
und die kastanienbäume
soweit meine augen reichten
bäume

diese halbinsel
mein paradies
meine kindheit
eine welt voller abenteuer
meine kindheit
die tage meines lebens
in denen ich gott am nächsten war

# hinterland

im hinterhof
fliegen tauben über den flachen dächern
stürzen papierdrachen in den maulbeerbaum
davor jagt der schwarze hund bellend
den hasen tief in den wald hinein

im hinterkopf
aus dem gefängnis geschmuggelte briefe
vertrocknete blätter der baumwolle
davor das rathaus mitten im wasser
die zwiebelfelder am rande der stadt

im hinterohr
der ruf des muezzins im nachtteppich
wehmütige qassiden aus märchenzeiten
davor das glockengeläut im dom
der gesang des straßenmusikers am gabelmann

im hinterland
des halbmondes
tummeln sich erinnerungen
auf dem elefantenfriedhof
der kindheit –
welcher weg führt heraus
aus dem labyrinth?

zeile
für zeile
für zeile

## unsere erde

hier auf unserer erde
gleicht kein geschöpf dem anderen
überall sind verschieden
die farben der gesichter
vereint nur durch den atem
die liebe zu den bäumen

hier auf unserer erde
ist die sonne weit entfernt
hier werfen kriege schatten
sechs tage schienen umsonst
auch der siebte mit mühe
verheerend scheint das kleinhirn

hier auf der erde
teilt ein fluß entzwei
eine handvoll ton
mit leben gehaucht
in den wäldern
brüderlich die wölfe
in den städten
menschen ohne augen

## krieg am golf

raketen schlagen in die häuser ein
giftige gase zerfressen lungen
und in einer stadt namens washington
in einem weißgetünchten haus mit garten
sitzen übernächtigte männer am reißbrett
planen die neue ordnung der anderen welt

raketen schlagen in die häuser ein
giftige gase zerfressen lungen
und in einer stadt namens bagdad
tagt unter der erde tief im bunker
der revolutionsrat in grauen uniformen
plant die befreiung der arabischen welt

raketen schlagen in die häuser ein
giftige gase zerfressen lungen
und in einer stadt namens adana
raubt das heulen unzähliger kampfflugzeuge
bereits in der siebten schwülen nacht
den ersehnten schlaf meiner kleinen nichte

raketen schlagen in die häuser ein
giftige gase zerfressen lungen
und in einer stadt namens bremen
legen sie meinem freund handschellen an
weil er zu seinem gebrochenen deutsch
einen dunklen bart trägt und aus palästina kommt

raketen schlagen in die häuser ein
giftige gase zerfressen lungen
und mütter weinen um ihre kinder
vögel verenden in der öllache
und mit jeder kugel die verschossen wird
begraben sie die vernunft einen fuß tiefer im wüstensand

# istanbul IV

istanbul – wieviele haben schon geschrieben über dich
große namen unzählige bekundeten ihre liebe zu dir
was bleibt mir noch
du aschige rose
an den lippen zweier kontinente

hat nicht schon jemand erzählt von deinen straßen
wie zerfurchte krater auf deinem verstaubten gesicht
diese ewig überfüllten unruhig pulsierenden straßen
als brodele glühende lava unter der asphalthaut
droht emporzuschießen

hat nicht schon jemand
berichtet von deinen bettlern
den verkrüppelten den lahmen den blinden
die tagein tagaus deine faltige stirn belagern

oder etwa von topkapi
diesem hornissennest am rande der trümmer
deiner eingefallenen wangen
du provisorische imkerin der hilflosigkeit

bestimmt schon hat jemand geschrieben
von den kriechenden reisebussen
voller blauäugiger touristen
    die sich wie maden
    in dein fleisch festsetzen
    die stück für stück
    deine schönheit zu markte tragen
    du käufliche tänzerin auf dem vulkan

istanbul – wieviele haben schon
geschrieben über dich
    was bleibt mir noch
    du zweitausendjährige einzigartige
    raubte er mir doch den atem
    dieser dunkle schleier
    über deinen verrauchten augen istanbul

# das gesicht amerikas

die städte gleichen sich
in diesem land

die aorta
ein highway
zumeist sechsspurig
rechtwinklig gekreuzt von
roads drives oder avenues
manchmal mit der extension süd oder nord

die hotels reihen sich aneinander
entlang der autoschneise
howard johnsons holiday inn ramada
best western und wie sie alle heißen
gelegentlich unterbrochen von einer shopping mall
mit riesigen parkplatzarealen

die kette der restaurants und fastfooddurchfahrtsstationen
gleichermaßen rechts wie links verteilt
taco bell mcdonalds pizza hut
popeyes und burger king
dazwischen geheime kulinarische oasen
wie red lobster

und spätestens
bei wendys
liegt die stadt hinter dir

oder aber
das ganze umgekehrt
je nachdem aus welcher
richtung du kommst

# diplomatie

kugeln schlagen ein
fensterscheiben zerspringen
soldaten dringen ein
frauen werden vergewaltigt –
das haus brennt

granaten schlagen ein
autos explodieren
männer verschwinden
gefängnisse quellen über –
die stadt brennt

brunnen vergiftet
schafe verdurstet
flüchtlinge marschieren
kinder irren umher –
der berg brennt

gräber werden geschändet
krankenhäuser belagert
menschen sterben
gespräche werden geführt
in kairo in ankara in genf
werden gespräche geführt –
syrien brennt
und alle welt
führt gespräche

# bangkok II

menam chao praya
der königliche fluß –
schlängelt sich durch das herz der stadt
einst die prachtavenue
des königs rama I.
die aorta des freien landes

schwärme von longtailbooten
peitschen über das wasser
an den ufern
wohnhäuser hochhäuser gasthäuser
holzhütten mit rostigen blechdächern
tempel mit schillernden kuppeln
an den ufern
behausungen von seezigeunern
lastkähne aus vergangenen zeiten
hotels die in den himmel ragen
gläsern gewunden glitzernd
an den ufern
gelegentlich ein flecken grün
dem verkauf trotzend
verwaiste bäume
schaukelnde pontons
graue brückenpfeiler
die ein morgen versprechen

menam chao praya
der königliche fluß –
auf seinen schmalen wellen
treiben die träume buddhas
hinaus auf das meer

# amerikas vietnamkrieg

wo starben
die meisten amerikaner?

| | |
|---|---|
| bei der landung in da nang? | nein |
| am fuße der marmorberge? | nein |
| bei der tet-offensive? | nein |
| in den tunneln von cu chi? | nein |

wie starben
die meisten amerikaner?

| | |
|---|---|
| durch giftige pfeile? | nein |
| durch gewehrkugeln? | nein |
| durch granaten? | nein |
| durch fallgruben? | nein |
| durch tellerminen? | nein |

wo und wie starben
die meisten amerikaner?

in ihrer heimat
durch eigene hand –

*sie sind dem feind*
*begegnet*
*und der feind*
*waren sie selbst*

# aus einem vietnamesischen lied

was haben dir die bäume
angetan
daß du sie entlaubst

was haben dir die büffel
angetan
daß du sie abschlachtest

was haben dir die brunnen
angetan
daß du sie vergiftest

was haben dir die brücken
angetan
daß du sie sprengst

was haben dir die dörfer
angetan
daß du sie bombardierst

was haben dir die kinder
angetan
daß du sie verbrennst

wir werden
neue bäume pflanzen
neue büffel züchten
wir werden
neue brunnen und brücken bauen
tausend neue dörfer errichten
wir werden
hunderttausend kinder haben
die dich und deine steinzeit
überleben werden

# auf den straßen hanois

es herrscht gerechtigkeit
auf den straßen hanois
ein fahrrad
zählt soviel wie ein moped
ein auto kann sich
mit einem bus messen

es herrscht leben
auf den straßen hanois
garküchen dampfen an jeder ecke
fliegende händler mit farbigen ständen
friseure unter schattigen platanen
sogar das wohnzimmer
wird auf den gehsteig verlegt

es herrscht demokratie
auf den straßen hanois
alles strömt herbei
alles fließt dahin
alles findet sich –
was braucht es ampeln
was braucht es schilder
was braucht es verkehrspolizisten
sie könnten dem heer der mopeds
niemals herr werden

# ein alter bekannter

gi pete
kam 1969 nach vietnam
er flog bomber mit tödlicher fracht
nächtliche einsätze im feindgebiet
wurde mit seiner crew abgeschossen –
sie überlebten
kamen ins gefängnis
in der innenstadt von hanoi
dicke mauern schimmelige wände
keine fenster kein licht keine luft
sie nannten es hilton hotel hanoi –
gi pete blieb am leben
manchmal wäre der tod besser gewesen

nach 28 jahren
ist donald pete paterson
wieder in vietnam
seine unterkunft hat
bad wc balkon und garten – sogar bäume
seinen gästen und freunden
zeigt er sein altes hilton
bucht ihnen aber zimmer
im neuen hanoi hilton opera
seine anweisungen erhält er
vom außenminister
seine gesprächspartner nennen ihn
mister ambassador

# prolog

die fische tauchten tiefer hinab
die vögel schwiegen
die welle kam

die eisenbahn stieß ächzend voran
die gleise schwiegen
die welle kam

die boote glitten richtung ufer
die masten schwiegen
die welle kam

die affen sprangen auf die bäume
die äste schwiegen
die welle kam

der berg ruhte unter den wolken
der tod schwieg
die welle kam

# nichts dazwischen

gibt es glück oder pech?
nein
zufall oder geschick?
nein
fügung oder schicksal?
nein

es gibt den tsunami
und dann:
tod oder überleben
und sonst
nichts dazwischen

# rückgabe

als die welle kam
hielt der mann
im rechten arm seinen sohn
im linken arm seine frau
klammerte beide fest an sich
seinen rücken gepreßt
gegen den baumstamm

die erste woge
riß den sohn mit
die zweite woge
riß die frau mit
der dritten woge
hielt der mann stand
seinen rücken gepreßt
gegen den baumstamm

selbst ein halbes dutzend helfer
konnten ihn nicht fortbewegen

der mann wartete
er wich nicht vom fleck
er wartete
seinen rücken gepreßt gegen
den baumstamm
wartete er stunde um stunde
er wartete
auf die nächste woge –
vielleicht bringt sie ihm
frau und sohn zurück

## im flüchtlingslager

die welle riß meine tiere fort
du hast doch noch dein haus

die welle riß mein haus fort
du hast doch noch deine familie

die welle riß meinen mann fort
du hast doch noch deine kinder

die welle riß meine tochter fort
du hast doch noch deinen sohn

die welle riß meinen sohn fort
du hast doch noch deinen gott

wo finde ich ihn?

## die welle und ich

du willst die lunge
ich brauche die luft
du willst den dschungel
ich brauche den baum
du willst die augen
ich brauche das licht
du willst die häuser
ich brauche die hand
du willst das feuer
ich brauche das brot –
gott
flüstere ich
du rufst
tod

# sechs tage später

sechs tage sind vergangen
seit die welle über uns kam
ich habe noch immer
keine träne vergossen

du stehst noch unter schock
es braucht seine zeit
sagt der greise arzt
der meine wunde verbindet

du mußt mit anderen menschen reden
das wird dir helfen
sagt der kellner im hotel
dessen cousin ertrunken ist

in deutschland wird es über dich kommen
sei darauf vorbereitet
sagt der indische ingenieur
der zur rettungsmannschaft gehört

du mußt deine gedanken aufschreiben
zerre deine alpträume ans licht
sagt der japanische journalist
der im hotel filmt

sechs tage sind vergangen
seit die welle über uns kam
ich habe noch immer
keine träne vergossen

wie weinen überlebende?

# das meer und ich

ich bin der dichter
der unzählige verse
dem meer widmete
der die zeilen schrieb:
– das meer aber ist weiser als wir

ich bin der dichter
der als kind am fluß lebte
der als jugendlicher dabei half
ein pvc-werk an der elbe zu verhindern

ich bin der dichter
der die spuren seiner vorfahren
am golf von iskenderun entdeckte
der tag für tag mit den fischern
hinausfuhr aufs meer

ich bin der dichter
der sich in jedem urlaub
ein hotelzimmer mit meerblick wünschte
der so oft wie möglich
in die tiefen des meeres tauchte

es braucht keine doktorarbeit
um festzustellen:
ich liebte das meer
das uns alle geboren hat –
doch dann kam der tsunami

## 8. november 2005

258 tage schon
habe ich kein gedicht geschrieben

kein liebesgedicht für meine frau
obwohl mich die sehnsucht quälte
kein liebesgedicht für meine kleine tochter
obwohl sie in dieser zeit so viel erlebte

keine verse über gott
den ich immer wieder rief
keine verse über den mond
den ich in den nächten suchte
keine verse über das meer
das mir die worte raubte

258 tage schon
habe ich kein gedicht geschrieben

kein gedicht über deutschland
die halbherzige wahl und die große koalition
kein gedicht über die türkei
die ewige eu-anwärterin und den verletzten stolz
kein wort über pakistan
vom erdbeben heimgesucht
kein wort über irak
von den amerikanern heimgesucht
kein wort über meine mutter
vom tod heimgesucht
kein wort über meine seele
vom tsunami heimgesucht

# auf dem weg nach galway

flug mit swiss von nürnberg nach dublin über zürich

einchecken am lufthansa check-in schalter
fast nur geschäftsleute nach zürich
mit aktentaschen oder kleinen trolleys

mein koffer war zu schwer: 28 kilo
zwanzig sind nur erlaubt
ich bin dichter sagte ich es sind bücher
ich reise zu lesungen sagte ich
es half nichts: vor den augen der schaulustigen
mußte ich den koffer öffnen
einen karton mit büchern herausnehmen
mit dem schwarzen rucksack auf dem rücken
und einem karton gedichtbände unter dem rechten arm
zu sicherheitscheck und gepäckkontrolle

zwei gepäckstücke sind nicht erlaubt
ich bin dichter sagte iches sind bücher
ich reise zu lesungen sagte ich
es half nichts: sie wiesen mich ab
ich ging zurück in die halle
fand gottseidank jemanden ohne handgepäck
der meinen buchkarton an sich nahm

am flughafen zürich das gleiche theater
mit mühsamer überzeugung der gleiche trick
umsteigen in dublin flug nach galway mit aer arann
erneut einchecken mit dem gesamten gepäck
ich bin dichter sagte ich es sind bücher
ich habe lesungen hier sagte ich

so you are a poet? that's great!
lächelt der mann am schalter
have a nice time in ireland –
kein wort von übergepäck
kein wort vom one-piece-concept

# eftalou mytilini

fünf meilen bis nach assos
185 meilen bis nach athen
fünf meilen bis zu den felsigen wurzeln
185 meilen bis zu den marmorhallen

menschen hin
menschen her
schicksale
tränen dort
tränen hier
tragödien

in den geschichtsbüchern steht nur:
kleinasiatische katastrophe 1922

die klagelieder
der verwurzelten
speisen den meltemi
tag für tag für tag

fünf meilen bis nach assos
185 meilen bis nach athen
fünf meilen bis zur heimat
185 meilen bis zur fremde

# limerick

in dieser stadt
bezeugen sogar
taxifahrer
ihre liebe für poesie

auf dem weg
vom bed & breakfast zum bahnhof
fuhr der fahrer links heran
nachdem er den grund
meiner reise erfahren hatte

er dreht sich zu mir um
john willcott war sein name
ein heiliger ernst lag
auf seinem faltigen gesicht:
sir ich hoffe unsere studenten
am mary immaculate college
zeigten ihnen den gebührenden
respekt

by all means
sagte ich
es war eine wunderbare lesung
es freut mich sehr dies zu hören sir
er drehte sich um und fuhr weiter –

am bahnhof
trug er
meinen koffer
bis zum gleis

## doha qatar

auch wenn ihr
drei dutzend wolkenkratzer
zur gleichen zeit baut

auch wenn ihr
vierspurige autobahnen
in die wüste schlagt

auch wenn ihr
fünfzehn millionen passagiere
in euren flugzeugen transportiert

auch wenn ihr
eine künstliche insel
mitten ins meer setzt

auch wenn ihr
noch mehr shopping malls
über die stadt verteilt

auch wenn ihr
hunderttausend neue gastarbeiter
in das land holt

der wind wird weiterhin
über die wüste fegen
die wellen werden weiterhin
ans ufer schlagen
der sand wird weiterhin
in eure schuhe kriechen

## reisegedanken

ohne täler
ist der weg weit

ohne meere
fällt der abschied schwer

ohne sterne
ist die richtung ungewiß

ohne vater mutter
ist man allein –

einsam ist man
ohne bücher

## im londoner tower

sie erzählen schreckliches
von den osmanischen sultanen
wie zuvor schon von den kalifen
den rechtgeleiteten erben des propheten
brudermord und totschlag
intrigen gift und kerkerhaft
blutrünstige tyrannen allesamt

im londoner tower
ein gemälde von heinrich VIII.
im prächtigen mantel brokatbestickt

dieser feiste rotbart allein
hat mehr menschen
aus seiner familie töten lassen
als in sechshundert jahren
osmanischer geschichte
sultane eines gewaltsamen todes starben
im palast an der hohen pforte

## rundreise in kerala

90 prozent der fahrer schauen nie in den rückspiegel
60 prozent kennen die verkehrsregeln nicht
30 prozent fahren lebensbedrohlich ohne führerschein

90 prozent der überholmanöver sind riskant
60 prozent erfolgen im fünften gang
30 prozent sind nach menschlichem ermessen unmöglich

90 prozent der bremsungen erfolgen abrupt
60 prozent in letzter sekunde
30 prozent sind lebensrettend

100 prozent der menschen
am steuer eines gefährts
ganz gleich ob mofa tuc-tuc auto truck oder bus
sind mit sich im einklang

keine hupkonzerte kein gebrüll
keine schimpftiraden keine verwünschungen
keine üblen gesten
selbst die busfahrer
die größten abenteurer
auf indiens straßen
zeigen ein herz
für jeden überholenden
und ein schlupfloch
in die fahrspur

in griechenland italien oder der türkei
hätte es jeden tag
streit und schlägerei gegeben
und unzählige tote
100 prozent!

## gib mir freiheit

ein toter liegt
auf dem midan tahrir
ein junger mann mit schwarzem bart
seine eltern ahnen nichts
seine tauben ahnen nichts
sein name ungewiß
seine heimat ungewiß
auf seiner stirn
hufspuren wilder kamele
auf seiner brust
eine verwelkte rose aus blut

ein toter liegt
auf dem midan tahrir
ein junger mann mit schwarzem bart
liegt mitten auf dem platz
niemand rührt ihn an
die freunde nicht
die polizisten nicht
die soldaten nicht
die verräter nicht
nur die dämmerung
scheut sich nicht
senkt sich lautlos herab
umhüllt den toten leib
und wartet geduldig
bis später die nacht
unter den fernen sternen
seine letzten worte bezeugt:
gib mir freiheit

## tunesisches feuer

hungrig war er
hungrig seine mutter
hungrig sein sohn
hungrig sein atem
hungrig so sehr
hätte er gekonnt
er hätte seine hand gegessen

er rief nach arbeit
sie nahmen ihm die okraschoten
er rief nach zukunft
sie nahmen ihm den handkarren
er rief nach wasser
sie lachten ihn aus
er rief nach brot
mit schlägen zahlten sie es ihm heim

ein mann brennt
benzingetränkt lichterloh
brennt er
mit dem todesgebet
auf den lodernden lippen

ein mann brennt
und mit einer bismillah
bahnt sich
das feuer seinen weg
über den marktplatz
durch das dorf
durch die dörfer
durch das tal
durch die täler
durch die wüste
bis hin zu den pyramiden
bis auf den platz
im herzen der mutter aller städte

# sri lanka

auf dieser insel
kaum halb so groß wie bayern
sind straßen gesperrt
landstriche vermint
dörfer blutig umkämpft
brunnen vergiftet –
der frieden ist brüchig
im niemandsland
wo brüder sich bekriegen

auf dieser insel
kaum halb so groß wie bayern
wütet die welle am späten morgen
sterben in fünf minuten
neununddreißigtausend menschen
weitere
vierundzwanzigtausend menschen
sind verletzt
über fünftausend werden vermißt
und sechshunderttausend männer frauen kinder
werden obdachlos

präsidentin chandrika kumaratunga
hat fünf trauertage ausgerufen
damit die perle des indischen ozeans
wieder zur ruhe kommt –

wie können so viel leid und schmerz
in so wenige tage passen
auf dieser trauerinsel
kaum halb so groß wie bayern?

## new york

nach vier wochen
am ende der reise
ein letztes auftanken
nahe dem flughafen
bevor der mietwagen abgegeben wird

hinter dickem panzerglas
ein schmächtiger junger mann
pakistani vielleicht oder inder
abgesichert nach allen seiten
drei monitore über seinem kopf
auf dem pult vor sich
ein arsenal an knöpfen und schaltern

ich müsse im voraus bezahlen
cash – keine karten keine schecks
sonst schalte er die zapfsäule nicht ein

meine mürrische verblüffung
nach knapp viertausend meilen
prallt gegen das glas
sein höfliches schmunzeln
trägt seine worte in mein gesicht:
sorry sir –
it's because of the area

## sonnenuntergang auf bali

der pilot im jumbo
der garuda indonesia
war trunken vor glück
als er nach dem start
das flammenmeer
vor sich sah

er ignorierte den flugplan
überhörte den tower
flog zwei weite schleifen
vor dem glutroten himmel
tauchte sanft die flugzeugnase
in den schoß der glühenden wolken
lauschte dem applaus der passagiere
und nahm schließlich lächelnd
kurs auf jakarta

## nepal

die spürhunde
suchen überlebende
unter den trümmern

sie können
den geruch
von toten
unterscheiden
von dem
der lebenden

wie wenige
menschen
doch
dazu fähig sind
wie wenige

# münchen 6. august 1998

im englischen garten mit eoin
am fuße des chinesischen turms

zwischen den greisen bäumen
strahlt die sonne auf unsere gesichter
das bier ist kühl
im maß wie üblich
das essen ein wucher
und kalt wie üblich
studentinnen aus galway
bedienen am nachbartisch
entfernungen verschmelzen
zu einem irischen lächeln
über unseren köpfen schweben
nâzım hikmet und seamus heaney
mit ihnen unsere sehnsucht
nach gelungenen versen
nach poetischem glück
nach weiteren stunden der freundschaft

später schließlich
als die sonne sich neigt
fließen die worte dahin
zeile für zeile für zeile –
    wenn das der sommer ist
    so will ich deutschland ertragen

## bali I

ein haus kann
man versetzen
ein dorf kann
man versetzen
aber keinen brunnen

eine brücke kann
man versetzen
eine straße kann
man versetzen
aber keinen brunnen

## berlin II

wie kann diese riesige stadt
mit ihren gefräßigen häusern

wie können all diese kinder
in den tiefen straßenschluchten

wie können diese steinbrücken
die endlosen schienenstränge

wie können sie mein gott
mit nur einem bissen sonne leben

# nach hause

als
das flugzeug
zum landen
ansetzte über berlin

    durchfuhr
    mich plötzlich
    der gedanke
    von zu hause
        nach hause
        gekommen zu sein

und mein
körper erstreckte
sich in diesem augenblick
auf eine schmerzhafte
    und zugleich
    fast tröstliche weise
    durch europa
    über die brücke
                legte sich behutsam
                über die asiatische
                halbinsel in der sich
                        meine träume verloren

die nächte sind
ohne dich

## ende einer liebe

dich geliebt
eingeliebt
    lieb geliebt
    lieb haben
        geliebt haben

    lieb geliebt gehabt haben
                lieb gehabt
                    hatte geliebt
                        ungeliebt
                            ausgeliebt
                                war verliebt

## deine augen

stock und stein
überquerte ich
meine fußsohlen wie leder

tiefe meere
hinter mir
voller tang meine haare

in meinem bart rauhreif
ließ zurück
gewaltige berge

gelangte nicht
in deine augen

# kairo II

zwei wochen sind vergangen
geliebte
seit wir uns trennten

nun sitze ich in einem ächzenden zug
fahre entlang der dünnen ader
in richtung der mutter aller städte
an unseren fenstern zieht die welt vorbei
beschwichtigt meine brennenden gedanken
lehmhütten grüne felder belagert von menschen
eselskarren lastwagen mit dieselschwaden
streunende hunde stolze kamele
in der ferne dattelpalmen
dahinter die wüste dahinter das meer hinter den häusern

überall erscheint dein gesicht
blendet meine müden augen
überall höre ich deinen namen
das plätschernde wasser
die rauschenden palmen
die kreischenden waggons
auch die barfüßigen kinder rufen dich im chor
hoch vom grünen minarett sogar
ertönt dein name
statt des seinen –
geliebte
wenn die sehnsucht quält
sündigen selbst die ohren

## meine liebe

das kreuz auf deiner rechten schulter
bist du gezogen auf den hügel
weit in der ferne heulten wölfe
meine liebe verließ dich nicht

du hast geweint geschrien in der nacht
der himmel gab dir keine antwort
vor hunger aßest du deinen atem
meine liebe verließ dich nicht

du wirst gehen bald oder bleiben
wirst zu stein werden oder asche
der glühende wind trägt dich davon
meine liebe aber verläßt dich nicht

## näher dem herzen

du bist die rose im garten
du bist die gischt auf der welle
du bist das blau des himmels –
meine linke hälfte bist du

du bist der weg der hoffnung
du bist das feuer der gefühle
du bist das licht der augen –
meine linke hälfte du bist

du bist die stimme am morgen
du bist mein stern in der nacht
du bist die wahre liebe
du bist meine linke hälfte
näher dem herzen

# dublin I

wieder abend
eine fremde stadt wieder
diesmal dublin
ein leichter regen nieselt
mein treuer begleiter durch den tag
verhüllte gestalten huschen vorbei

ein busker spielt gitarre
in der grafton street
trotzig und herausfordernd
singt mit lauter stimme
it‘s a long way
als ob er meine galoppierenden
gedanken eingefangen hätte

ein zweiter musiker taucht auf
aus einer dunklen gasse
mit einem rucksack auf dem rücken
schlendert ruhig daher
seine gitarre stimmend
gesellt sich zu dem ersten
steigt mit ein
dirty old town dirty old town
intonieren sie gemeinsam

schau an
selbst die sind nicht allein
in dieser stadt

# canim benim

in die rinde des baumes
ritze ich deinen namen

unter den flügel des vogels
streichle ich deinen namen

in das dunkel der einsamkeit
flüstere ich deinen namen

in die glühende glut
hauche ich deinen namen

in das rot meines herzens
poche ich deinen namen

auf die sanfte welle des meeres
schreibe ich deinen namen

auf deine rosigen lippen
küsse ich deinen namen:
canim benim

## gebetsruf

so viele nächte
schon vergangen
noch immer
keine nachricht von dir

bist du in den bergen
oder jenseits der gipfel
bist du in den meeren
oder jenseits der wellen
bist du in den städten
oder jenseits der häuser?

so viele nächte
schon vergangen
noch immer warte ich
auf eine nachricht von dir

das blut fließt
mühsam durch die adern
die brieftauben sind müde
sie fliegen nicht mehr auf
so schicke ich dir
dieses gedicht –

ist ein hilferuf
ist ein liebesruf
dieses gedicht
ist ein gebetsruf

## SOS

letztes wochenende
gab der fernseher seinen geist auf
nichts mehr mit nachrichten
etwas ablenkung am abend

die spargelsuppe aus der tüte
brannte mir vorgestern an
wenn du wiederkommst
wird ein topf fehlen in der küche

gestern stürzte mein computer ab
ging ins jenseits mit all den dateien
gerade im richtigen augenblick
zwei tage vor redaktionsschluß

und als ob nicht genug:
heute nachmittag
gott allein weiß wo
verlor ich meinen schlüsselbund
unauffindbar trotz langer suche –

geliebte
es wird
zeit daß du heimkehrst
denn wenn du nicht
bald wieder bei mir bist
befürchte ich fast
werde ich irgendwann irgendwo
in den nächsten tagen
sogar noch meinen kopf verlieren

## meine erste liebe

ich war gerade vierzehn
als ich mich verliebte
sie war das schönste mädchen
ihr gesicht wie ein windhauch
aus der mongolischen steppe

unsere lehrer waren irritiert
unsere schulleiterin brüskiert
ihre mahnung war hart und deutlich:
händchen halten nicht erlaubt
schmusen in der schule tabu

meine eltern waren schockiert
ihre welt geriet aus den fugen
nicht weil meine liebste eine deutsche war
das verbot galt grundsätzlich war rein moralisch –
ihr motto: keine freundin vor der ehe

ihr vater war borniert
er gab mir keine chance
niemals durfte ich sein haus betreten
kein wort konnte ich mit ihm reden –
sein motto: kein türkenlump unter meinem dach

gott war für uns
die welt gegen uns
schwer wog die trennung
schwerer wogen die lügen
die stunden wurden kostbar
doch in heimlichen augenblicken
und erbärmlichen verstecken
erstickte unsere liebe
nach sechs endlosen jahren

## die nächte sind

die nächte sind kalt
sie wollen nicht weichen
die nächte sind finster
sie wollen nicht enden
die nächte sind ohne dich

die wolken verbergen
menschengesichter
die treuen bäume schlafen
ihre wurzeln erzählen märchen

hörst du mich?

die nächte sind lang
sie plagt nicht der durst
die nächte sind geduldig
sie plagt nicht der hunger
die nächte sind ohne dich

## nächtlicher ruf

vor einiger zeit
erschien der tod
in meinem traum
rief mich zu sich

ich erzählte ihm
von deinen augen
geliebte
von deinen lippen
und deinem schoß

seitdem erschien er mir
nie wieder

# februartage

über nacht kam der schnee
bedeckt die felder und wiesen
die blaue kälte schweigt
unsere nachbarn sind fort
auch die treue katze
hat sich verkrochen

denke nicht an mich
sagtest du am telefon
geh hinaus
es wird dich beruhigen
sagtest du

ich sehe den weg
sehe die schritte nicht
ich sehe den schnee
sehe die spuren nicht

lam mim nun alif
die nacht ist mein zeuge
geliebte
noch ehe der schnee schmilzt
müssen sich unsere blicke treffen

## umarmungen

wer umarmt wen
    wann wobei
        aus welchen gründen?

vater und sohn
selten lieber gar nicht
mann und mann
sowieso nicht
ist nicht angebracht
mutter und sohn
bis zum zwölften lebensjahr vielleicht
mutter und tochter
schon etwas länger
aber nicht zu offensichtlich
vater und tochter
fast nie zu sehen
frau und frau
vielleicht mal flüchtig
zur verabschiedung

wer umarmt wen
    wann wieso
        warum eigentlich nicht?

## langer weg

von deinen augen bis zur brust
von dort bis zu deinen händen

in deinen händen mein finger
ein pilger bereit zum aufbruch

über hände brust und augen
an deinen mund zu gelangen

## binaz

für dich die sonne
für mich der wind

von dir die sterne
von mir der mond

für mich die tränen
für dich das lachen

von mir die küsse
von dir das schweigen

für uns die nacht

## abenteuer

welch ein abenteuer
dich zu entdecken
gleich ob sonne oder nacht
deinen namen silbenweise
über meine zunge gleiten lassen
im bauch kribbelnde wellen
spürend buchstabe für buchstabe

voller ungeduld schließlich
als gelte es die seele zu retten
in die tiefen deiner brüste tauchen
auf der suche nach rosigen lippen
mich wiederfinden
in dem braunen himmel deiner augen

## wüstenträume

ich träume
von der wüste
den tiefen schatten
unter dattelpalmen
ohne zeit und brot
folge ich
den wellen auf den dünen
der brennende wind
trägt mir
deinen namen zu –
        meine füße
        werden dorthin gehen
        wo du schläfst

# lanu

meine freundin lanu
sehr gut noch
kann ich mich an sie erinnern
mit ihren unzähligen sommersprossen
den weizenblonden haaren
einem gesicht
engelsgleich
manchmal verängstigt
aber stets neugierig voller vitalität
schelmisch lächelnd immerzu
und niemals
in all den nächten
niemals
ertappte ich sie beim gähnen

meine freundin lanu
ich sehe sie genau vor mir
wie wir im kalten morgengrauen
still und heimlich
meinen wagen
vom haus ihrer eltern
wegschieben
geräuschlos
um ja nicht
ihren vater zu wecken
ihren vater
den insgeheim der alptraum plagte
ich würde ihm seine tochter lanu
für vierzehn kamele abkaufen wollen

## nacht ohne dich

ich verlor mich im bett
meine füße ragten hinaus
die wände verhöhnten mich

ich kämpfte vergeblich
mit dem kissen mit der decke
die stunden verhöhnten mich

ich sang lauthals lieder
sie strömten aus dem fenster
der schlaf verhöhnte mich

um meinen namen zu vergessen
zählte ich die sterne
die finsternis wärmte mich

## in meiner heimat

es zog mich nie in die städte
ich war glücklich in meiner heimat

die wölfe
haben mich nie belogen
die schafe
wärmten mich stets
die ameisen
zeigten mir den weg
die rinder
gaben mir genug zu essen
die pferde
waren mir treue freunde

was mehr kann ich erwarten
in diesem leben

## die höhle

du brachtest feuer
    in die höhle
und ich fürchtete die nacht nicht mehr

du brachtest worte
    in die höhle
und ich spürte das schweigen nicht mehr

du brachtest lachen
    in die höhle
und ich vergoß die tränen nicht mehr

kaum daß du eintrats
    in die höhle
schon wich die einsamkeit immer mehr

## ewigkeit

in deinen augen
scharen sich gebrochene jahre
schwarzhaarigen kindern gleich
mit wild zerzausten haaren

jahrtausende rieseln durch deine wimpern
wie zerstreute säulen des peloponnes
zeigen in alle richtungen der zeit

die ewigkeit fand keinen raum
in deinen augen

## ohne dich

die wände
wurden bleich
kaum daß du gingst
hüllten sich in schweigen
ohne dich
ich rief brot sie verstanden stein

auch die sonne ergraute
ohne dich
verbarg ihr gesicht hinter einem schleier
ihr schloß sich an der mond
sträubte sich zu strahlen
ohne dich
ich rief wasser sie verstanden stein

kalt die nacht finster der tag
ohne dich
scheint nicht zu vergehen
die zeit
schlaftrunken die sterne
wie seiltänzer am himmel –

ohne dich
geliebte
ist selbst das paradies wie eine verbannung

## dazwischen

meine frau griechin
mein trauzeuge amerikaner
meine mutter türkin
mein freund yemenit
meine patentochter deutsche
mein nachbar algerier
mein professor österreicher
mein arzt iraker
und
irgendwo
dazwischen
ich
auf diesem staubkorn
genannt erde

## fata morgana

die nächte ohne dich
gleichen fata morganas in der wüste

durch die sandhügel ewiger stunden
setze ich mühsam meine schritte
kein schatten zu finden weit und breit
unter der sonne verschwimmen deine lippen

kalte schweißperlen auf meiner stirn
verbergen den geruch deines körpers
betäubt stürze ich mich in die fluten
meines schweigenden kopfkissens
sehne das morgengrauen herbei

## über die liebe

wieviele suchen in der ferne
während andere sie gierig trinken
darin ertrinken
und manche sie noch nie erblickten
nur davon hörten

manche gehen in flammen auf
nur wegen ihr morden schlagen
springen von hohen dächern
schreiben briefe gedichte
schenken rote rosen
erbauen paläste

um sie betteln greise am totenbett
weinen kinder an der brust der mutter

## achtung

in der druckerei
meines onkels
wurde nicht
ein fingerbreit
papier verschwendet

weil es teuer ist
sagte der teejunge

weil es aus holz ist
sagte der lehrling

weil es uns brot gibt
sagte der geselle

weil es unsere seele ist
sagte mein onkel

# ein mann des gewissens also

das feuer greift um sich
wie das gift in den flüssen
die rostigen ketten
der vergangenheit werden geschliffen
eingestürzte mauern neu errichtet
mit beton verstärkt
die schwalben fliegen nicht mehr

und ich
bin ein dichter
ein mann des gewissens also
der dich liebt
ein mann des herzens
der dich sucht
ohne furcht

ich kenne die vernunft
sie betört mich nicht
ich kenne die macht
sie blendet mich nicht
verhandlungen sind mir zuwider
kein gefeilsche was wem gehört

und ich
rechne ab
mit den meeren
mit den bergen
mit den sternen
  was übrigbleibt
  fließt
  in meine verse

# das lachen
# meiner tochter

## amelias herzschlag

heute
haben sie
amelia zu uns gebracht
zwei hände voll
schlafendes leben
mit rabenschwarzen haaren

als meine knie nachgaben
ich auf dem sofa saß
als die stunden
sich schweigend auf meine schultern legten
da war weder sonne noch schatten
weder meine frau noch meine eltern
keine gedichte keine termine
kein telefon kein buch
nur amelia –
ihr zerbrechlicher atem
ihre flimmernden wimpern
ihr herzschlag auf meinen fingerkuppen

## nachtwache bei amelia

nachts an deinem stubenwagen
wache ich
über deinen schlaf
meine kleine honigblume

ich wage nicht
meine augen zu schließen
nicht für eine sekunde –
    ich möchte keinen atemzug
    von dir verpassen

# meine tochter

meine tochter
die kleine honigblume –
in ihren augen schimmert das blau der meere
ihre schwarzen locken
erzählen märchen aus vergangenen zeiten
als die angst noch nicht laufen konnte

meine tochter
die kleine wüstenakazie –
vierzehn monate und einen tag schon
bereichert sie unser leben
vierzehn monate und einen tag schon
gilt die neue zeitrechnung
die schäfchen katzen pferde
und rentiere in unser haus trieb

zwei weiße zähne hat meine tochter
einen braunen stoffhund immer in ihren armen
einen weichen schnuller mit glöckchen am roten band
und ein paar blaue schuhe aus athen
in denen sie herum stolziert
auf unsicheren beinen

meine tochter
die kleine dattelpalme –
auf meinen reisen
sehne ich mich nach ihr
wenn sie schläft
lausche ich ihrem atem
in den nächten
widme ich ihr gedichte –
nichts lindert
meinen schmerz so sehr
wie das lachen meiner tochter

# amelias erstes jahr

meine kleine honigblume
in diesen zwölf monaten
gab es wohl augenblicke
in denen deine tränen
sich mit meinen vermischten
gab es wohl frühe morgenstunden
in denen dein hunger
meinen schlaf vertrieb

meine kleine wüstenakazie
in diesen zwölf monaten
gab es wohl zeiten
in denen ich mich
um deine gesundheit sorgte
in denen die milchflasche dich nicht sättigte
in denen deine windeln überquollen

meine kleine dattelpalme
in diesen zwölf monaten
gab es wohl tage
an denen ich schweren herzens
zu lesungen aufbrach
gab es wohl nächte
in denen ich in fremden hotelzimmern
deinen geruch aufsog
vor sehnsucht nach dir mir auf die lippen biß

meine kleine tochter
du schwarzhaarige schwester meines herzens
in diesen zwölf monaten
gab es wohl augenblicke
in denen unsere gemeinsame zukunft
ungewiß schien
gab es wohl augenblicke
in denen die angst mich zu lähmen schien
doch niemals in diesen zwölf monaten
niemals verschwand dieses unfaßbare glück
dich bekommen zu haben

## schutz für amelia

eine tochter
mit drei jahren und zehn monaten
hat ein recht darauf
von ihrem vater
beschützt zu werden

auf dem spielplatz in stegaurach –
kein problem
im kinderbecken des bamberger schwimmvereins –
kein problem
auf dem kamelrücken in dubai –
kein problem
auf dem schlitten im frostigen gstaad –
kein problem
auf dem rücksitz des taxis in manavgat –
kein problem
in der wartehalle am flughafen in olbia –
kein problem
auf der fähre vor igoumenitsa –
kein problem
auf dem einbaum in kenia –
kein problem
im rachen des tsunami – ein tödliches problem

## amelias augen

seitdem meine kleine honigblume
bei uns ist
schreibe ich nur gedichte für sie

die tiefe der meere
die gipfel der berge
– sehe ich in ihren augen

die vier himmelsrichtungen
die wege der winde
– erkenne ich in ihren augen

den atem gottes
die kraft des gebetes
– spüre ich in ihren augen

das lachen der kinder
das weinen der mütter
– höre ich in ihren augen

wo sich der tag schlafen legt
wo die nacht sich wärmt
– entdecke ich in ihren augen

was brauche ich
mehr
als die augen meiner tochter?

# amelias erzählungen

es war der zweite tag
der neuen kinderfrau
die ersten stunden
verbrachte sie in der küche
mit meiner kleinen wüstenakazie
sie spielten mit knete
malten bilder backten einen kuchen
aßen gemeinsam
danach gingen sie hoch
in das kinderzimmer
blieben dort den rest des tages

am abend begleitete ich
die neue kinderfrau an die haustür
beim hinausgehen sagte sie mir:
ihre tochter kann wirklich schön erzählen
ja ich weiß sagte ich
sie hat sehr viel phantasie
ja ich weiß sagte ich
und sie weiß schon so viel mit ihren sechs jahren
ja ich weiß sagte ich
sie weiß daß bananen auf bäumen wachsen
wir haben gemeinsam welche gepflückt sagte ich
sie weiß auch daß ein tuc-tuc drei räder hat
wir sind oft damit gefahren sagte ich
und sie weiß sogar was ein tsunami ist
sie war mitten drin sagte ich
nur centimeter trennten sie vom tod

die neue kinderfrau
blieb –
sprachlos
noch über eine stunde

# amelia in kavalla

in der innenstadt
ein junge im rollstuhl
vielleicht acht
vielleicht neun jahre alt
geschoben von seiner mutter
die ihm immer wieder den nassen mund abwischt

meine tochter
die kleine honigblume
kennt mit ihren sieben jahren und sechs monaten
keine zurückhaltung
unablässig starrt sie den jungen an
dessen kopf auf die linke schulter fällt

ich erzähle ihr von meinem bruder haluk
der auch nicht seinen kopf hochhalten konnte
der krank auf die welt gekommen war
und fünf jahre in schmerz und leid gelebt hatte

später am abend im hotel
als ich die kleine wüstenakazie
ins bett bringen will
fragt sie mich
ob wir sie auch lieben würden
wenn sie ihren kopf nicht hochhalten könnte
ja sage ich

und wenn sie blind wäre auch?
ja sage ich
wenn sie nur einen arm hätte
wenn sie die spaghettis nicht alleine essen könnte
wenn sie in die hose pipi machen würde
würden wir sie dann auch lieben?
ja sage ich

wenn sie nicht gehen könnte
ob wir sie dann tragen würden?
ja sage ich
ob wir sie auch lieben würden
wenn sie ganz ganz doll behindert wäre
wenn sie gar keine haare
und gar keine zähne mehr hätte?
ja sage ich

aber warum papa?
fragt sie
weil du unser kind bist
sage ich

## amelia in kenia

der mond ist zum greifen nah
glänzt über dem lehmigen dach
fegari ruft meine kleine honigblume

die sterne sind zum greifen nah
hängen in den ästen des baumes
yıldız ruft meine kleine wüstenakazie

gott ist zum greifen nah
blickt aus den augen der giraffe
wasser ruft meine kleine dattelpalme

# amelia und jesus II

ostern naht
und mit ihm jesus christus
im katholischen kindergarten
meiner kleinen honigblume

sie kommt nach hause
und singt lieder über jesus
mit ihren sechs jahren und zwei monaten
erzählt sie uns geschichten
wie er geboren wurde
und sie zeigt uns bilder
die sie im kindergarten gemalt hat

was ist auf diesem bild hier
frage ich die kleine wüstenakazie
das ist jesus
er liegt im stroh
weil seine eltern sind ja ganz arm

und was ist das?
das ist jesus
er macht daß die kranken alle wieder gesund werden
und das hier mein schatz?
das ist jesus
der ist auf einem boot
und er holt viele fische
und er gibt den armen menschen zu essen
weil sie haben ja hunger alle

eindeutig
denke ich mir
vorteil für jesus
dagegen kommt
unser prophet muhammed nicht an
mit seinen legendären karawanenüberfällen!

## amelias argumentation

wir waren im urlaub
in der dominikanischen republik
mieteten uns einen wagen
fuhren über die insel
begegneten vielen einheimischen
sahen bilder die uns bedrückten

ich wollte die reise nutzen
und meiner kleinen honigblume erklären
daß es sehr viele menschen gibt auf dieser welt
die nicht so gut leben können wie sie
daß es sehr viele kinder gibt auf dieser welt
die keinen schrank voller
kleider t-shirts und hosen besitzen wie sie
die keine regale voller bücher
dvds und videos besitzen wie sie
daß viele kinder nicht einmal
sauberes trinkwasser haben

ich wollte
meiner kleinen wüstenakazie erklären
daß sehr viele kinder keine spielzeuge besitzen
kein zimmer für sich alleine haben
und keinen kindergarten besuchen können
so wie ihr vater es auch nicht konnte

vielleicht hätte ich nicht so viel
über meine kindheit in armut verraten sollen
denn schon beim abendessen
begann meine kleine dattelpalme
mit ihren fünf jahren und drei monaten
mit diesem wissen zu argumentieren:
papa ihr wart arm du und deine familie
deshalb weißt du es nicht
aber man darf nach dem abendessen
immer fünf kugeln eis

## amelias wunsch

meine tochter
die kleine honigblume
ist ein einzelkind
gott hat sie uns spät geschenkt
so bekam sie ältere eltern:
eine mutter die nicht wenig arbeitet
einen vater der ständig auf reisen ist –
vielleicht werden ihr deswegen
viele wünsche erfüllt

ihr zimmer
ist bis in den letzten winkel voll:
supermarkt küche puppenstube holzeisenbahn
eine riesige sammlung an plüschtieren
playmobil lego barbie-puppen baby born
kartenspiele brettspiele merkspiele
bücher videos und dvds
auf türkisch deutsch griechisch und englisch
und draußen im garten
sandkasten schaukel und rutsche
plantschbecken roller und fahrrad

mit sechs jahren und zwei monaten
hat die kleine wüstenakazie
einen neuen wunsch:
sie möchte unbedingt
einen wackelzahn

kein tag vergeht
ohne daß sie ihn fordert
keine stunde vergeht
ohne daß sie vor dem spiegel steht

sie wünscht sich ganz dringend
und ganz schnell
einen wackelzahn
sogar ihre freundin nina
habe schon einen
und die sei erst fünf
sie will auch unbedingt einen

wann immer es geht
vermeidet sie das zähneputzen
und ständig will sie
etwas hartes
so hart wie stein
um darauf zu beißen
damit er endlich kommt
der wackelzahn

## amelias nächte

die nächte sind fruchtbar
sie lassen meine tochter wachsen
geben ihr neue haare pechschwarz

die nächte sind großzügig
sie geben meiner tochter schlaf
mit wüstenträumen aus fernen zeiten

die nächte sind heilig
sie geben meiner tochter mut
lassen sie den atem gottes spüren

## amelia in athen

ostern strömt durch die luft
athen ist im ausnahmezustand
glocken läuten an jeder ecke
scharen von menschen
strömen in die kirchen
morgens mittags abends und in der nacht

gebete schwirren umher
trauer strömt durch die luft
und im griechischen fernsehen laufen
jesusfilme bibelfilme mosesfilme
ein hollywood-epos nach dem anderen

am abend kommt
meine kleine honigblume
aus der wohnung ihrer yaya
hinauf und strahlt mich an
mit ihren acht jahren und fünf monaten:
papa ich habe gott gesehen!
gott?
ja im fernsehen unten bei oma yaya
ich habe gott gesehen!

wie erzähle ich das nur meinem vater
der die suren mit geschlossenen augen rezitiert
der die außerkoranischen verse auswendig kennt

wie erzähle ich das nur meinem onkel yusuf
der den namen des einen nicht einmal ausspricht
um ihn nicht in zwei silben zu teilen
um ihm keinen buchstaben beizugesellen

## amelia und der regen

am telefon
meine tochter die kleine honigblume
erzählt was sie gestern
erlebt hat in athen
ihre stimme schwankt
dabei hin und her
zwischen stolzer freude und enttäuschung

der himmel war ganz grau papa
so richtig dunkel grau
mama wollte daß es trocken bleibt
aber ich habe mir regen gewünscht
erzählt meine kleine wüstenakazie
und weißt du was dann passiert ist
es hat wirklich geregnet
siehst du papa gott hat gebracht
was ich mir gewünscht habe
das war echt gut so –
und dann habe ich mir
eine dose coca cola gewünscht
doch es kam nichts
gar nichts
das war echt gemein von ihm papa

sei nicht so enttäuscht
tröste ich meine kleine dattelpalme
mit ihren acht jahren und vier monaten
du bist von gott
und gott ist
auch so wie du
er gehorcht nicht immer
mein schatz
er macht einfach was er will
so wie du

# amelia weihnachten 2007

landung in trivandrum
32 grad celsius im schatten
palmenpracht am strand
statt schnee und frost –
eine lange reise
liegt hinter uns
die im morgengrauen begann
und uns über mumbai und goa
in das grüne herz keralas führte

auf dem ersten flug
wollte meine kleine honigblume
unbedingt wissen
ob der weihnachtsmann
ihr die gewünschte annabell-puppe
auch wirklich bringen wird
ob er wohl den weg nach indien findet
oder ob es ihm und den rentieren
zu weit ist und vielleicht zu heiß

auf dem zweiten flug
erzählte sie von jesus
und wie arm seine eltern waren
und wie er den hungrigen menschen zu essen gab
und wie er ganz schlimm verraten wurde
und wie er so schwer tragen mußte
und wie er an das kreuz genagelt wurde
und wie er gar nicht geschimpft hat
und wie es so doll geregnet hat
und wie sie alle auf dem berg traurig geweint haben
und noch einiges andere mehr
was ein katholischer kindergarten

am abend schließlich
in unserem hoch gelegenen cottage
am arabischen meer
stellte meine kleine wüstenakazie fragen
und wollte unbedingt
antworten darauf haben:
wer ist denn eigentlich
die frau mutter von gott papa?
und wer ist stärker
jesus oder gott?
oder ist der heilige geist am stärksten?
denn der kann ja gut fliegen papa!

mit ihren sechs jahren und zehn monaten
wollte ich meiner kleinen dattelpalme
die dreieinigkeit nicht zumuten
und sagte ganz bestimmend:
gott ist am allerallerstärksten
mein schatz
und fliegen kann er auch!

## amelia in seattle

seit stunden schon sind wir
im pacific science museum
zuerst ein film im imax-theater
über die polarbären in der arktis
die unter dem schmelzenden eis leiden

danach eine berauschende ausstellung
über king tut und die anderen pharaone
mit ihren reichen grabschätzen

dann die wasserspiele im freien
mit den erfindungen des archimedes
und schließlich
die welt der dinosaurier
in der großen halle

nach dem tyrannosaurus rex
plötzlich
eine riesige weltkugel
vor uns
hängt von der decke herab
von innen beleuchtet
von computern gesteuert
darauf der tsunami
vom dezember 2004
und wie er sich
nach dem beben ausbreitet
und noch einmal
und noch einmal
und jedes mal
um neun uhr vierundfünfzig ortszeit
spült die welle
über den süden sri lankas hinweg

ist das der tsunami
in dem wir waren?
fragt meine kleine honigblume
während die wellen
sich wieder ausbreiten
ja flüstere ich
und denke daran
daß ich nicht bei ihr war
als die welle
auf sie zukam

wir stehen da
meine kleine tochter
und ich
hand in hand
stehen wir da
schweigend
hand in hand
starren auf die weltkugel –
wohin sollen wir auch gehen
die welle holt uns doch ein

# amelias erster auftritt

das korn
heißt das erste gedicht
das meine tochter
die kleine honigblume
im kindergarten auswendig gelernt hat
zum erntedankfest

kaum ist sie daheim
am nachmittag
schließt sie sich in ihr zimmer ein
und übt und übt und übt
dann kommt sie herunter
ruft mich drängend
ins wohnzimmer
stellt sich vor mich hin
wippt unruhig hin und her
mit ihren drei jahren und neun monaten
liegt ein heiliger ernst
auf ihrem gesicht
mit den roten wangen
vor lauter aufregung

papa papa hör jetzt mal zu
ich höre mein schatz
so – jetzt hör zu:
das korn –
danach schweigen
sie zappelt von einem fuß auf den anderen
richtet ihren blick an die decke
fährt mit der zunge über ihre lippen
schaut mich an
warte... warte... gleich papa
ich warte mein schatz
so – jetzt hör zu:

das korn –
danach wieder schweigen
wieder zappeln bei ihr
bei mir wieder warten
geduldig sein
bangen um den ersten auftritt
meiner kleinen wüstenakazie

nach einer ewigkeit
schließlich scheint sie
am ende angelangt zu sein
ihre augen leuchten plötzlich auf
ihr gesicht strahlt
der knoten platzt
heraus sprudelt aus ihrem mund:
die mutter schmiert butter drauf
und wir essen alles auf

fertig papa!

## mahnung für amelia

hallo lieber gott
ich habe
zwei stunden schlaf bestellt
für meine tochter –
wo bleibt er?

könntest du bitte
möglichst bald
den schlaf
in ihre augen fließen lassen?

die jahre sind
die fußspuren gottes

## zweites leben

eine mutter hat mich geboren
zeitlebens krank bis zu ihrem tod
doch gänzlich alleine bin ich nicht
meine zweite mutter ist das gedicht

## als mein vater starb

die nacht weinte vor trauer
ließ sich nicht trösten
sterne und mond bemühten sich vergeblich
der tag schließlich brachte die erlösung

## totenwaschung

als ich in den kalten raum trat
wuschen sie meinem vater das gesicht
leise trat ich näher küßte seine rechte hand –
zum ersten mal seit jahren protestierte er nicht

## bamberg IV

der himmel wird immer enger
kein platz mehr für meine schmerzen
schneid eine elle seide herr schlage noch
eine traumfalte damit auch ich mich ausbreite

## göttliches verweilen

der tag hat seine sprache
die nacht hat die ihre
meine liebe
kommt ohne sprache aus

## was der hirte dachte

die böschungen sind meine berge
die grünen felder sind meine meere
die augen des hundes sind meine sterne
berge meere sterne – was brauche ich mehr

## heimatlos

ich reiche euch die hand ihr zählt meine finger
ich gebe euch worte ihr zählt meine zähne
heimat sage ich –
ihr schließt die augen

## fürsorge

in die träume der vergangenheit
stickte meine tante wunderschöne muster –
damit sie gut endeten
damit ich glücklich erwachte

## von gestern bis morgen

mit glatter haut im gesicht
stiegen sie hinab in die kohlegruben
kamen herauf später rußgeschwärzt die haare
der bart schneeweiß trotzdem

## worte

ich hinke hinter worten her
unermüdlich auch auf knien
fahre sanft durch das alphabet streichle das a
verbrenne meine finger noch vor dem c

## mit eigenen händen

ich hänge den mond in den himmel
um dein gesicht zu sehen
und ist die nacht zu hell
verstecke ich dich in meinen augen

## nacht am mittelmeer

die fernen sterne sind
ein geschenk gottes
damit wir seine nähe ahnen
damit wir unsere augen vergessen

## gedanken über meinen tod

das sterben an sich
ist so schlimm nicht
aber die trennung von dir
scheint mir unerträglich

## geduld

der vater des vaters meines vaters
hatte augen aus stein überlebte die eiszeit
ich schnitze tauben mit nachtflügeln aus eiche
schicke sie der sonne entgegen

## der bin ich

nacktes brot meißelte ich aus stein
verbannte das schweigen mit meiner schrift
ich bin der der die sprache der menschen suchte
der die sprache gottes fand bin ich

## gott und ich

der mond ist mein zeuge:
jedes wort jede zeile jede strophe
schreibe ich um einen schritt näher zu gelangen
diesem schleier der mich von dir trennt

## kinderleid

ich hatte fieber meine stirn glühte
kein ton drang aus meinem mund
meine mutter aber rührte das rattengift
ich verbrannte mit offenen augen

## der alte lehrer

ich habe von den bäumen gelernt
ich habe von den bergen gelernt
von den ameisen und von der wüste –
das meer aber ist älter und weiser

## weit geöffnete münder

von den wiegenliedern der mütter
bis zu den märchen der großväter
lauschen wir den worten in der nacht
um zu begreifen was im kommen ist

## teufelspakt

ich versprech dir meine seele
die augen und knochen dazu
doch nicht für heller und pfennig
nur für einen atemzug ruh

## am grab meiner mutter

sie ist gestorben sagen sie
denn sie wissen nicht
daß sie an jenem morgen
in mein herz geflohen ist

## palästina

wenn eine million menschen
ohne wasser ohne licht in hunger ersticken
wie kann dieses land
heilig bleiben – wie nur?

## entgegen

ich gebe mich nicht geschlagen
an diesem düsteren morgen
voll bitterer gedanken
trete ich erneut dem tag entgegen

## die klinge in der hand

wie ein tiger im käfig läufst du unruhig auf und ab
die weiße wand verschluckt deine gedanken –
der tod
ist eine nummer zu groß für dich

## verwirrt

in meinen händen deine augen
am himmel brennend tausend sterne
so verwirrt bin ich –
küsse die sterne lösch deine augen

## regen in dublin

am fenster ertrinken die morgenstunden
die sonne liegt noch im schlaf
meine sehnsucht verharrt im kühlen schatten –
meine füße sind schon auf der landstraße

## ich verstehe nur deutsch

trinke nicht von dem bitteren wasser
sagte meine mutter auf arabisch
iß nicht von den bleichen blättern
sagte mein vater auf türkisch

## mein begräbnis

in den gassen wo kein kreuz an den wänden hängt
in dem viertel wo kein minarett in den himmel ragt
begrabt mich dort wo das gras hüfthoch steht
wo die bäume ihr grün tragen

## freude des wiedersehens

kaum daß sich unsere blicke trafen
eilten unsere schatten davon
überholten unsere gedanken
um sich im selben atemzug zu umarmen

## aleppo ohne sterne

in dieser nacht ist
die hälfte der dunklen häuser hungrig
die andere hälfte durstig
der tag schleicht sich zögernd nur heran

## bosnien und herzegowina

wie passen
97000 tote unter ein trümmerhaus?
wenn 97000 tote verscharrt werden
warum weint die erde nicht?

## nackt unter sternen

ein leben lang schon
frage ich mich:
war sie hübsch
die hebamme die mich auf die welt brachte?

## geflüsterte worte

eine alte frau betrachtete meine hand
fuhr über die furchen über jeden finger
sagte die geburt von gedichten voraus –
lügen hexen ins gesicht?

## gespräch mit den sternen

wie der vogel so die schlange
wie der berg so das meer
wie der baum so der mensch –
alle wollen ihren anteil vom himmel

## augenoperation in erlangen

nicht mitbringen soll ich
geld schmuck oder wertsachen
stattdessen aber
ein offenes auge und eine dicke vene

## am ende des syrienkrieges

sind tot die hälfte aller väter
die hälfte aller mütter sind tot
haben wir heute nacht nicht gebetet?
die sterne sind gegen gott

## am rande des universums

ohne zu verstehen
daß wir eins sind
mit den meeren vögeln bergen bäumen
glaubten wir an den einen gott

## klarer beweis

noch älter noch weiser
ist die 1 als die 2
oder gar als die 7 –
wurde sie doch früher geschrieben

## worauf man sich verlassen kann

verläßlich ist der tod
gut und aufrichtig –
er stellt uns
keine falle

## an meiner seite ein schmetterling

der fisch fühlt sich wohl im meer
der weizen sich wohl in der erde
die wolke gehört zum himmel
warum sollte die geliebte mir nicht nahe sein?

## nach mitternacht im einhornskeller

so schwer wird der krug in meiner hand
meine beine können
solch ein gewicht nicht tragen –
wie soll ich aufbrechen nach hause?

## stammtisch im schweben

solange wir trinken
sind wir weise und klug –
sobald wir auf die straße treten
werden wir wieder zu idioten

## gebet beim stammtisch

wir trinken nur
aus angst vor der dunkelheit –
würde die sonne doch nur alle zwei tage untergehen
würden wir doch nur jeden zweiten tag trinken!

## frage an den wirt alex

das einzige was ich getrunken habe
war der erste schluck
den rest im glas hat der erste schluck getrunken
warum soll ich denn alles zahlen?

## zwischen den planeten

so groß ist mein herz
alles was die menschen entdeckten
alles woran sie nicht glauben
alle arten der geschöpfe sind in mir

## holzplatte mit vier pfosten

für mich bist du ein tisch
für die ameise ein gebirge
für den nagekäfer nahrung –
was du genau bist weiß nicht einmal gott

## stein

als er die berge schuf weinten die gipfel
als er die bäume schuf weinten die äste
als er die menschen schuf da weinten auch sie
wurden nicht zu stein

## älter noch als der name gottes

in diesem unendlichen blau lebt ein schweigender geist
der älter ist als du und ich
älter als die bäume als die vögel als die berge –
das meer ist weiser als wir

## wieder über die nacht

all die jahre genügten nicht um uns anzufreunden
du dunkle schöne immer wiederkehrende du
doch es muß einen weg geben
für uns beide – es muß

## für nächte in einsamkeit

immer wieder fragen sie mich warum
ich schreibe wieso für wen was ich damit will
nichts von alledem für nichts und niemanden
ich suche nur trost in einem gedicht

## zwischen bamberg und bayreuth

du mein herz mein augenlicht
unsere trennung fürchte ich nicht
doch gefährlich ist die zeitnot
da sie unsere liebe bedroht

## am ende des regenbogens

wenn die sonne untergegangen ist
die bleichen farben bereits abblättern
wird es höchste zeit die fußspitzen
wieder in das leben einzutauchen

## die weite des meeres

das blau ist unendlich
in der tiefe wird es schwarz
kein horizont kann es begrenzen –
das meer paßt in keine verse

## im meer II

wenn die fische atmen im meer
wenn die felsen wachsen im meer
wenn die blumen blühen im meer
wie könnt ihr bestrafen das meer?

## im meer III

felsen werden meine wünsche im meer
algen werden meine träume im meer
fische werden meine freunde im meer
brennend mein durst: ich trinke das meer

## wir nomaden

die meere sind die tränen der berge
ihr atem sind die wolken
von den bergen kommen wir nomaden
zu den bergen kehren wir zurück

## kinderträume

bamberg adana mumbai
jamaica havanna bangkok singapur –
überall laufen kinder hinter vögeln her
überall wollen sie fliegen

## was die menschen nicht wissen

die tage verlieren nicht ihr selbst
nur weil wir sie in wochen monate jahre pressen
sie vergehen auch nicht die tage
sie legen sich schlafen im bauch der erde

## verrat

der mond ist mein zeuge
die nacht ist eine verräterin –
sie lockte den schlaf in die fallgrube
die träume finden ihren weg zu mir nicht

## an dich denken

ich möchte die augen schließen
und nicht viel denken –
nur bis zu dir
nicht weiter

## in wellen der name gottes

vergeblich scheinen die gesamten mühen
einen neuen tag herbeizuführen
denn wenn du fern bist geliebte
will die nacht nicht weichen

## geburt

die milch aus den brüsten
meiner mütter versiegte
dieser tag schüttet schwarzen wein aus –
ich trinke die nacht und öffne die augen

## aus alten nächten

die sterne fürchteten die menschen
die menschen fürchteten die schlange
die schlange fürchtete gott –
ich lag furchtlos im bett

## ein hauch von tradition

in der sprache der wölfe
gibt es zwei namen für dich
einen für den tag
einen für die nacht

## über den dichter I

hustet das kind
im fieber
versiegen
die worte des dichters

wenn der geliebte
seinen schleier lüftet
gelingt dem dichter
ein vers voller liebe

## über den dichter III

gottes gesandter
ist der prophet
der gott des dichters
ist das alphabet

in den nächten
sammelt der dichter träume
gießt sie in verse
damit der morgen kommen kann

## über den dichter VI

die brennenden wälder
die sterbenden meere
die durstigen menschen
rufen nach den worten des dichters

die vernunft kennt der dichter
die macht die angst auch die gier
kein gedanke was wem gehört
betört den dichter

## über den dichter VII

die mutter der sonne
der vater des mondes
die kinder der erde
wohnen im herzen des dichters

wenn die wolken dem berg zu trinken geben
wenn die vögel dem berg märchen erzählen
wenn die bäume den berg in den schlaf wiegen
kommt das herz des dichters zur ruhe

# über den dichter XI

die sehnsucht
ist ein geschenk
des dichters
für die liebenden

von laila und madschnun
rumi und schamsuddin
bis hin zu romeo und julia
besingt der dichter die liebenden

# über den dichter XIV

wann der tod
zu wem kommt
erfährt der dichter
noch vor dem mond

unter den flügeln
der nacht
entdeckt der dichter
die schlafenden worte

## über den dichter XXIV

die sterne der mond
der vogel die ameise
selbst die wurzeln des baumes
erzählen ihre geschichten dem dichter

das wort des dichters
wiegt am schwersten
an den grabsteinen
der kinder

## über den dichter XXX

findet der dichter
das passende wort
wird am himmel
ein stern geboren

die milch dem kind
der mutter das brot
das wasser dem vater
dem dichter das wort

*vom ufer*
*der vergänglichkeit*

# ich glaube

die erde gerät immer tiefer
in den toten winkel der sonne
wir stumpfen menschen immer tiefer
in den sumpfigen schatten der zeit

ich glaube
leblose knochen werden zu stein
ewige eiszeit bricht bald hervor

ich glaube
uns steht nicht an zu schweigen
während sie ihr blut lassen

und ich glaube weiterhin
daß muhammed mir nicht zürnt
auch jesus mein rückgrat stärkt
da ich ein wanderer bin
mich nur vor einem beuge

ferner glaube ich
daß wir das lachen bewahren müssen
durch diese verseuchten zeiten hindurch
auf geheimen wegen um jeden preis
für alle kinder bewahren müssen

## das ewige wasser

ich bin das ewige wasser
meine finger wellen der zeit
tief in meiner seele schlummern
alle arten der geschöpfe
im früheren leben sünder

vom ufer der vergänglichkeit
berauschen sie sich am glitzern
auf meinem endlosen gesicht
hören im kalten sonnenlicht
die tausend todesschreie nicht

## die augen geschlossen

zwei kinder suchten sich
ich fürchtete mich

zwei kinder rannten umher
ein hund folgte ihnen

zwei kinder spielten miteinander
vögel kreisten über ihnen

zwei kinder suchten sich
das eine war
die nacht
der tag
das andere

ich wachte auf
voller staunen

## verwunderung

wir haben die bäume gefällt
jeden tag die fläche einer kleinstadt
erbarmungslos nur an profit gedacht
und wundern uns
über die armut der menschen

wir haben die luft verpestet
jeden tag viele tonnen gespritzt
mit keinem gedanken an morgen gedacht
und wundern uns
über den gnadenlosen krebs

wir haben die flüsse vergiftet
jeden tag unmengen von chemikalien eingeleitet
langsam alle fische zu tode gequält
und wundern uns
daß die erde vertrocknet

wir haben
die jahre vergraben
wie unschuldige kinder
und wundern uns
daß keine blumen wachsen

## das kind

erzähl mir kind erzähl
von deinen abenteuern
bevor du zu uns kamst
wie hieß eure sonne
waren eure nächte kalt

hat euch jemand märchen erzählt
gab es wölfe in eurem land
spielte der wind mit deinen haaren
wie groß war eure höhle
wer meißelte licht in die kahle wand

erzähl mir kind erzähl
von deinen abenteuern
bevor du zu uns kamst
du mußt nämlich wissen
hier sorgen alle sich über das
was kommt nach dem tod
doch niemanden kümmert
was geschah vor der geburt

## manche

der eine
marschiert gegen raketen
der andere
besetzt strommasten

manche werfen pflastersteine
manche schreiben gedichte
manche spenden regelmäßig

ein jeder
was in seinen kräften steht

manche tragen konsequenzen
manche brechen das schweigen
manche gehen ins gefängnis
manche machen nichts

## tränen

deine tränen
ob sie vergossen werden oder nicht
ob sie gesehen werden oder nicht

sind nicht rumis tränen
und nicht die von ghandi

deine tränen
ob sie glänzen oder nicht
ob sie salz sind oder nicht

werden jahre überdauern
um von mir geweint zu werden

# schöpfungsgeschichte

grenzenlos war die nacht
am anfang brannte angst
sie gebar bald kinder
wir nannten sie götter

sie schlugen mit blitzen
zermahlten den kosmos
aus dem feuerhagel
tauchte die erde auf

ihre mutter erlosch
sträubte sich zu glühen
ozeane schrien
graue eiszeit brach an

später schien gütig die sonne
empfänglich die warme erde
spuckte lava auf ihr gesicht
wir nannten uns menschen

# die spuren der usa

überall haben sie
spuren ihrer macht
hinterlassen:
japan vietnam korea laos kambodscha
persien chile nicaragua irak afghanistan haiti

überall hin haben sie
den tod gebracht
und dabei freiheit
und frieden verkündet

## verwandlungen

sie warfen mir brot und zwiebeln zu
mit einem gebet zahlte ich heim

ich sprang in das meer
wurde bald zu stein
eine scholle verschlang mich

im rachen eines kranichs
verwandelte ich mich zum fisch

stieß als ein vogel
in die lüfte vor

ein jäger erschoß mich
mitten im gleitflug
riß mir alle federn aus

im topf über dem feuer
löste ich mich in dampf auf

bahnte mir einen weg
durch den kahlen schornstein

stieg endgültig auf
in den himmelsschoß

## wissensdurst

wirf mir ein a zu
ein b und ein c
gib mir noch das d
auch das e bitte

ich entreiße dir ein f
kämpfe um ein langes g
wenn es sein muß vergieße ich
mein blut auch für ein weiches h

schenke mir buchstaben
lehre mich das lesen
hinzu noch das schreiben

für jeden einzelnen buchstaben
werde ich dir treue versprechen
und bekäme ich gar das alphabet
will ich dein ergebener diener sein
bis an das ende aller zeiten herr

## am wegessaum

der tag vergeht trotzdem
auch wenn du die sonne nicht sehen kannst
auch wenn deine dornigen träume dich quälen

werden heute nicht menschen hingerichtet?
die eisberge schmelzen
verlieren kinder nicht ihre eltern?
die wälder brennen

der tag vergeht trotzdem
auch wenn dein herzschlag nicht zu hören ist
auch wenn du den weg zur geliebten nicht findest

## kinder und greise

die kinder sind den greisen gleich
mit adlerschwingen und schmetterlingsflügeln
trotzen sie schweigend dem pendel der zeit
küssen die verkrustete erde
mit ihren staubigen gesichtern

die kinder sind den greisen gleich
sie brauchen keine worte
keinen baum in der wüste
vermissen den winter nicht
und ihre augen blicken
unendlich weit weiter noch
als der graue horizont
jemals zu reichen vermag

## gottes gebet

die berge und meere –
sie beten nicht
sie sind gottes gebet

sie waren da
noch bevor der mensch
in den himmel blickte
noch bevor
er den donner hörte

wir werden geboren
leben
sterben
die berge
und meere
aber bleiben

# die antwort des kindes

ich werde dir erzählen
von meinen abenteuern
will sie nun besänftigen
die neugier stillen den durst

es gab wölfe in meinem land
brüderlich streiften sie durch die wälder
die dunkelgrün umsäumten berg wie tal

der wind sündlos und rein
spielte mit meinen haaren
flüsterte uns märchen zu

der mond weise und wagemutig
meißelte licht in die höhlenwand
flüchtige bilder von adler kranich
daneben schilfrohr und auch wüstensand

auf einem lichtsrahl glitt ich
sanft von der sonne hinab
verharrte eine weile
im behaglichen leib
fand zuflucht bei der mutter
vor dem drohenden gewitter

als das ferne donnern erstarb
der atem in mein gesicht schlug
und als es schließlich soweit war
trat ich hinaus in deine welt

## weissagung

du der du
schon tot bist
du weißst es nur nicht
die vögel am lichtlosen himmel
singen es herab
der regen bleicht deine haare aus

du der du
die höcker des bisons den wölfen
zum fraß geworfen hast

du der du
das gold der erde dem feuer
in den häusern geopfert hast

du der du
die sprache der menschen den drähten
an den masten eingespeist hast

du der du
das wasser der bäume der schrift
in den büchern geweiht hast
du bist schon tot
du weißst es nur nicht

## durchsichtige jahre

seinen träumen
kann niemand entfliehen
deswegen halten
wir an unserer kindheit fest

seinen nächten
kann niemand entfliehen
deswegen vergöttern
wir die fernen sterne

seiner stunde
kann niemand entfliehen
deswegen beschwören
wir das gestern und morgen

seiner liebe
kann niemand entfliehen
deswegen sehnen
wir unseren tod herbei

## der gesandte

ich sprach zur ameise:
laß mich dein gesandter sein –
ich will den menschen erzählen
von deinem fleiß
und von der unendlichen größe
des staubkorns

die ameise schwankte
im lichte der versuchung
sprach: nein
ich kann diese bürde nicht tragen

# auf der fähre nach koh chang

ich möchte
ein gedicht schreiben
ein einfaches gedicht
so einfach
daß es jeder versteht
ganz gleich
ob kind oder greis
ob mann oder frau
ob türke oder grieche
ob deutsche oder thai
ein gedicht
das keine fragen braucht

ich möchte
ein gedicht schreiben
ein einfaches gedicht
so einfach
wie auf dem rücken liegen
wie in den himmel blicken
so einfach
wie die ziffer eins
wie der buchstabe o
so einfach
wie atmen
wie weinen

ein gedicht
das keine antworten braucht

## klare verhältnisse

auf die minuten folgt die stunde
auf die stunden der tag
auf den tag folgt die nacht
zumindest wenn die erde kreist –
ich liebe diese klaren verhältnisse

die wurzeln der bäume sind unten
manchmal wandern sie
die blätter sind oben an den ästen
zumindest wenn sie blätter haben

die menschen haben
zwei augen zwei füße zwei hände
fünf finger an jeder hand
zumindest die meisten
und im kopf ein gehirn
wenn sie denn ein gehirn haben

auf den frühling folgt der sommer
auf den herbst der winter
süden und norden
können sich nie begegnen –
ich liebe diese klaren verhältnisse

der maulwurf kriecht unten
welch fleißige blindwanderung
der falke fliegt oben
machmal im himmlischen blindflug

die toten liegen unten
zumindest die meisten
die lebenden spazieren oben
wenn sie denn leben –
ich liebe diese klaren verhältnisse

## am ende des weges

ich zähle nun bis sieben
wenn es sein muß
auch bis sieben mal sieben
dann schweigen wir alle
wir alle
dann sind wir still

der läufer verharrt
spürt den boden unter den füßen
die mutter setzt das kind ab
die milch aus der brust versiegt
der augenblick ist und vergeht
der augenblick ist und vergeht
der augenblick
doch niemals derselbe

der mann mit der säge hält inne
der baum atmet auf
niemand hält ein telefon ans ohr
der polizist steigt aus dem wagen
blickt in den himmel

wir alle schweigen
jeder in seiner sprache
spüren den schmerz zuerst
die traurigkeit später
jeder in seiner sprache

## was zu hören ist in der nacht

der mond
stieg herab in der nacht
glitt langsam zu uns
fragte leise
wer von euch ist hungrig
ich schwieg verschämt
meine tochter sagte:
ich habe hunger

der mond
stieg herab in der nacht
glitt über die felder
hörte die klagelieder
in der ferne
ein rind sagte:
ich habe hunger

der mond
stieg herab in der nacht
glitt bis zum erdigen platz
im dorf
ließ sich unter der platane nieder
wartete geduldig in der nacht
eine ameise sagte:
ich habe hunger

## entdeckung

mutig schritt ich aus dem wald
ließ zurück meine freunde
wolf schlange rind ameise
wanderte tage nächte
gelangte in die häuser
auf hochragenden pflöcken

zum ersten mal
erblickte ich
sie die menschen

groß war meine enttäuschung
bereits binnen kurzer zeit

ein auge hätte ihnen schon genügt
zwei ohren waren recht zuviel
auch finger fünf an jeder hand
warum erhielten sie eine zunge
hätte blöken denn nicht genügt

## zimmer 449

ich bot meine träume an
für einen augenblick linderung
ich bot meine hoffnungen an
für einen augenblick ruhe
ich bot meinen atem an
für einen augenblick schlaf

meine not nahm zu
die geduld verließ mich
gott
rief ich schließlich
dann nimm mein herz
liebe hauchte er
es ist liebe

## ein auge gottes

es ist nicht
der mond der glänzt
es ist das licht der sonne

es ist nicht
das meer das funkelt
es ist das licht der sonne

es ist nicht
die hitze die flimmert
es ist das licht der sonne

es ist nicht
der tag der graut
es ist das licht der sonne

doch
es ist auch nicht
die sonne die scheint
sie ist nur
ein auge gottes

## auf den feldern

in den sommern meiner kindheit
lief ich mit meinem cousin yakup
über die narbigen felder

wir schwammen in engen gräben
pflückten die dornigen auberginen
wir jagten die giftigen schlangen
lockten die vögel von den bäumen

und in den nächten zählten wir die sterne
um unsere angst zu vergessen

## 20. märz 1997

frühlingsanfang
der hagelregen
prasselt in strömen
nieder

in istanbul 20 grad
in athen 22 grad
in lissabon 19 grad
in kairo 24 grad

und wir hier –
um welchen preis
harren wir aus
im westchor des bamberger doms?

## dem kosmos trauen

warum verliere ich meine augen
wenn die kalte nacht einbricht
wer will uns die sonne rauben
uns fernhalten vom magischen licht

warum verliere ich meinen glauben
wenn das meer uns zurückläßt
wer pflückt die fernen sternentrauben
wer stellt sich in den weg hält die zeit fest

ich will dem kosmos trauen
wie vor mir die dynastien
tagein tagaus gottes wunder schauen
ich will bleiben und nicht fliehen

## mondfinsternis

stolz betraten wir den mond
er wendet sich ab von uns

wir griffen nach den sternen
einige sind erloschen

wir tauchten in die tiefen
verklappten auch dort den tod

wir haben unsere erde gekränkt
sie zieht ihre blutenden finger ein

## dahinter

welche stimmen
kreisen hinter diesen worten

welche lichter
kreisen hinter diesen wellen

ist dies das haus der gebete?

welche vögel
kreisen hinter diesen bergen

welche welten
kreisen hinter diesen sternen

was liegt hinter gott?

## keine antworten

wenn es gott gibt
warum nimmt er das junge
läßt das alte dahinsiechen

wenn es gott gibt
warum nimmt er meine freunde
läßt mich als waisen zurück

wenn es gott gibt
warum nimmt er meine fragen
läßt mich ohne antworten zurück

## kein zweifel

andalusien korfu maine
lanzarote irland guadeloupe
teneriffa ägypten barbados
alonissos martinique tunesien
st. lucia oman thailand
türkei burma penang

es besteht
kein zweifel:
alle unsere wege
führen zum meer

# buff bay jamaica

meine karre ist voll
die netze geflickt
nimm meinen fisch
gib mir wasser dafür

meine hände sind schwarz
narbig wie die erde
nimm meinen schweiß
gib mir brot dafür

das haus ist finster
die wände verstummt
nimm meine augen
gib mir licht dafür

# traumhaft schön

so einfach auf dem rücken
    liegen in weichem grünen gras

die sonne küssen
    und im all verstecken spielen

auf den ozeanen wandern
    mit planeten fußball spielen

berge auf den kopf stellen
  und mit dem
    adler um die wette fliegend
      auf dem rasen liegen
        schmunzelnd und glücklich

## schande

sie schießen raketen ins all
lassen satelliten kreisen
beobachten feindesland
lenken kriege von da oben
sie fliegen zum mond
schicken menschen zu raumfahrtsstationen
führen experimente durch
die unmengen an geld verschlingen

sie schicken sonden ins all
suchen nach winzigen spuren
von wasser auf dem mars
wo doch hier unten
eine milliarde menschen
kein sauberes trinkwasser haben

## geschichte

als mein großvater
seinen fuß auf die erde setzte
erloschen am himmel zwei sterne

als mein vater
die größe von
einszweiundsiebzig erreichte
lernte er die fremde kennen

wenn ich zu asche werde
sind längst vor mir
elefanten schon ausgestorben

# die türkei der tourismus und die eg

seit
vielen jahren schon
bemüht sich die türkei
vergeblich
um einen beitritt
in die eg

jetzt
scheint große aussicht
auf erfolg zu bestehen
denn
die türkei übertrifft
alle länder europas

was nämlich
italien griechenland
und andere länder
in den letzten
zwanzig jahren an fehler begingen
haben die türken
fleißig und voller stolz
in nur fünf jahren geschafft

## von yunus zu mir

von yunus zu mir
sechs hundert jahre
sechs hundert jahre
feuer im herzen
im herzen sehnsucht
sehnsucht nach heimat
heimat in der fremde
die fremde in mir
in mir die leere
leere so vertraut
vertraut wie liebe
liebe zum frieden
frieden in yunus
von yunus zu mir

## wiegenlieder

als die wärme
aus den brüsten
meiner tante
in meinen mund strömte
hörte ich zum ersten mal
die lieder meiner vorfahren –

niemals wieder
war die milch so fruchtbar
niemals wieder
war der schlaf so tief
niemals wieder
war der tod mir so nah

## fragen an das kind

als du auf
die welt kamst
haben sie dir damals erzählt

daß die wüste
unaufhaltsam die städte erobert
kein fisch mehr
in den flüssen schwimmt

haben sie dir damals
in der wiege erzählt

daß der tod in den meerestiefen gelagert
in der betonierten finsternis
der bunker behütet wird

allzeit bereit auszulöschen
was in jahrtausenden
die schöpfung schuf

## schlaf

die erde schläft
im wechsel von tag und nacht
der himmel schläft
seine decke graue wolken
der berg schläft
auch der baum
alle geschöpfe schlafen
nur meine mutter nicht

## gesang

das meer hatte augen
schöner als zwei sterne
der himmel hatte ohren
spitzer als das nashorn
der berg hatte einen mund
tiefer noch als die schlange
der wind hatte eine nase
länger noch als der elefant
alle stimmten ein gesang
der mensch wurde geboren

## erwartung

oft wache ich erwartungsvoll auf
die sonne entschließt sich aufzugehen
der morgen begrüßt mich –
der ist so eigenartig heute und neu
so wie kaum ein morgen vorher

überhaupt alles ist anders
die sonne strahlt weinend auf mich herab
der himmel erstreckt sich blutrot
die welt ist still
eine ameise entschwindet meinem blick
ein vogel singt in meinem herzen
und ich spüre heute wird etwas geschehen
etwas eigenartiges sonderbares etwas wundervolles

ich warte die ganze zeit
warte ich erwartungsvoll doch nichts geschieht
der tag neigt sich dem ende zu
und wieder einmal ist ein ganz gewöhnlicher
tag vergangen ohne daß etwas geschah
nur der morgen –
der morgen – der war so neu heute und verheißungsvoll
der war anders heute

## tod

tod
ich weiß es gibt dich
du kommst und holst

warum aber meine schwester
mit ihren blonden sommersprossen
warum am ende der welt
die kinder hinter stacheldrahtzäunen

tod
ich weiß du bist nicht zu verstehen
du kommst und holst

wieviele sehnen sich nach dir
während sie begierig
nach dem leben suchen
wieviele suchen dich
während sie begierig
sich nach dem leben sehnen

tod
seltsam bist du
du kommst und holst

du bist nicht der anfang
auch nicht das ende womöglich
du scherst dich nicht um entfernungen
dich kümmert nicht die zeit

tod
ich weiß ohne dich geht es nicht
du wirst kommen um zu holen

# das siegel der propheten

## meine tante sabriye

wirst du denn
niemals lachen frau

dein gesicht
verkrustete haut
rissig flammenspuren eingebrannt

in der tiefe
deiner augen
nur noch die glut gottes im halbdunkel

wirst du denn
niemals lachen frau

deine brüste
so kraftlos leblos
eingesunken in sich versunken
einst trank ich deine warme milch

bei sonnenaufgang
auf dem feld –
mit deinen händen
kratzt du auf
die zerfurchten narben
der ausgelaugten erde

wann wirst du
einmal lachen frau

## saz-spieler

saz-spieler
mit deinen verträumten augen
spielst heute abend
heute nacht
singst für uns

saz-spieler
mit deinem traurigen bart
bitter deine worte
klagend deine worte
voller kraft aus deinem munde

saz-spieler
mit deinem gütigen gesicht
singst von liebe
singst von sehnsucht singst
von der war¬men erde deiner heimat

saz-spieler
mit deinen geschmeidigen fingern
wenn du spielst
bin ich kind und greis
zugleich wenn du singst

saz-spieler
saz-spieler
wo bleibt
die zeit
saz-spieler
die zeit
wenn du spielst
saz-spieler
die zeit
sie flüchtet
die zeit
wenn du spielst
saz-spieler

## träume meiner kindheit

die sommer meiner kindheit
verbrachte ich in adana
inmitten des lebendigen viertels
in dem sich ein gemisch
aus arabisch türkisch kurdisch
wie ein bunter flickenteppich
auf die schmale gasse legte

die sonnentage waren voll mit geschichten
von den zahllosen verwandten
aus nah und fern –
eine handvoll ans herz gewachsen
viele andere mir kaum bekannt
die märchennächte waren lang
unter dem schimmernden moskitonetz
bevor der schlaf uns umarmte
auf den warmen flachen dächern

am golf von iskenderun
entdeckte ich den reichtum des meeres
tauchte in die blauen tiefen
sang auf den brüchigen fischerbooten –
die arabischen spuren meiner vorfahren
waren zum greifen nah
in der druckerei meines onkels vehbi
lernte ich die stunden zählen
und gewann die achtung vor dem papier
auf den feldern meines onkels ibrahim
lernte ich die pflanzen kennen
und die vier richtungen des himmels

und jedes mal
wenn wir nach deutschland aufbrachen
blieben einige träume meiner kindheit
in der schmalen gasse zurück

## meine tante schahdiye

meine tante ist alt und krank
hat schlimme beinschmerzen rheuma
hat weiche runzlige haut
eine brille kopftuch
und decken um ihre beine

und die hände
meiner tante
    sind wie erde
    so weich sanft
    warm und fruchtbar
    mit feinen maserungen

in ihren händen
gedeihen menschen
ihren händen
entspringt leben
liebe quillt über
aus den händen meiner tante
                                        quillt
                                        liebe über

## reisen in die türkei

viele tage vorher verschwand plötzlich
unser blauer vw-bus –
mein vater stellte ihn
in der scheune eines befreundeten bauern unter
wir kinder wunderten uns

dann begann das große packen
zwei gepäckträger wurden auf den bus montiert
die hintere sitzreihe ausgebaut eine holzplatte eingesetzt
jeder zentimeter wurde mit gepäck gefüllt
als wäre die reise eine endgültige rückkehr
wir kinder wunderten uns

die geschenke waren längst gekauft
für all die verwandten jung und alt
handtücher hemden hosen strümpfe
kaffee seife deo-sprays gläser batterien schokolade
und noch vor beginn der ferien gab uns die schule frei
wir kinder wunderten uns

dann begann die reise –
wir ließen deutschland hinter uns
fuhren durch österreich jugoslawien bulgarien
und noch weitere tausend kilometer
quer durch die türkei
in deutschland kannten wir die autobahn
in österreich bestaunten wir die berge
in jugoslawien verloren wir oft den weg
in bulgarien schikanierte uns die polizei
in der türkei bekamen unsere eltern feuchte augen
wir kinder wunderten uns

nie erreichten wir ungeschoren adana
einmal brannte der motor unseres busses
einmal wurden wir ausgeraubt
einmal fuhr uns ein auto an
einmal wurde unser vater eingesperrt
einmal hingen wir über dem abgrund
und jedes mal waren die füße unseres vaters
nach der reise angeschwollen wie luftballons
wir kinder wunderten uns

dann kamen sie alle zu besuch
verwandte bekannte nachbarn im viertel
die ersten zwei wochen
um uns willkommen zu heißen
die letzten zwei wochen
um uns eine gute reise zu wünschen
wir küßten tausend hände
tausend mal küßte man
unsere wangen und augen
wir kinder wunderten uns

deutschland war fern die kälte vergessen
die nächte waren kurz die märchen endlos
wir schliefen auf dem dach der mond beschützte uns

dann kam die abreise
nachbarn wie verwandte von nah und fern
versammelten sich im morgengrauen
noch vor dem gebetsruf
umgaben gebete unseren bus
sie gossen einen eimer wasser
hinter uns auf die straße
wir verließen die schmale gasse
die stadt blieb zurück
unsere eltern weinten
wir kinder wunderten uns

## türkische statistiken

wie viele touristen
das land besuchen ist bekannt
wie viele journalisten
ermordet wurden nicht

wie viele professoren
an den universitäten lehren ist bekannt
wie viele häftlinge
gefoltert wurden nicht

wie viele moscheen
das stadtbild prägen ist bekannt
wie viele menschen
arbeitslos wurden nicht

wie viele soldaten
in der armee dienen ist bekannt
wie viele dörfer
vernichtet wurden nicht

## gedächtnis

das erdbeben kommt
der tod
die nachricht
die trauer kommt
die hilfe
menschen auch
maschinen
geld auch
das vergessen kommt –
das leid bleibt

## mein onkel muharrem

soweit meine erinnerungen zurückreichen –
niemals hörte ich meinen namen
aus dem munde
meiner mutter
immerzu rief sie mich: muharrem

sie muß
meinen onkel geliebt haben
oder die nische im halblicht
oder das siegel der propheten
oder vielleicht mich

## mein onkel vehbi

am offenen grab
meines onkels
durchlebte ich
die türkischen sommer
meiner kindheit

die heiligen gesänge
in den nächten der opfertiere
die gefalzten kartons
für die honigschweren süßspeisen
die tödlichen gewehrsalven
in den straßen des bürgerkriegs
die heißen kastanien
auf dem bullernden kohleofen

als die erdbrocken
auf sein leichentuch fielen
begruben sie
meine kindheit

## erdbeben in adana I

schreib sagt mein freund özcan
von der einfalt unserer menschen
die mitsamt ihren kindern
aus den fenstern springen

schreib sagt mein schwager samim
von den eingestürzten häusern
die höher gebaut als erlaubt
ohne eisen ihre nacktheit zeigen

schreib sagt meine tante schahdiye
von der allmacht gottes
der himmel und erde beben läßt
wie es ihm beliebt

schreib sagt meine nichte feryal
von dem beben in den gliedern
der angst in den nächten
die uns kaum schlafen läßt

schreib sagt meine feder
von den schwankenden häusern
in den unzähligen gassen
von den planlosen räumarbeiten
von den versprechen des ministerpräsidenten
der sich selbst nicht halten kann
von der finanzhilfe aus deutschland
die ihn dunklen kanälen versiegt

# diese alten tage

ich sehne mich
nach diesen tagen zurück
als meine tante mir ihre milchbrust gab
als wir heimlich ins kino gingen
als wir nachts die felder bewässerten
als wir auf den märchendächern schliefen

ich sehne mich
nach diesen tagen zurück
als mein vater die alten gebete sang
als das bild des kalifen an der wand hing
als die heiligen meine stirn berührten
als ich noch nicht wußte
wer ich bin

# was bleibt

die inflation galoppiert
das militär putscht
die regierung verschwindet
die berge aber bleiben

journalisten werden ermordet
zeitungen werden verboten
bücher verschwinden
die berge aber bleiben

häuser stehen in flammen
gefängnisse quellen über
menschen verschwinden
die berge aber bleiben

# mondnächte

in den wäldern meiner kindheit
wurden die bäume
mit der blanken axt geschlagen

in der schule meiner kindheit
faßte ein raum zwei klassen
besaß der lehrer einen esel

in den sommern meiner kindheit
schliefen wir auf dem dach
in den schwülen nächten adanas

das weiße netz
schützte uns gegen die moskitos
das blaue auge
schützte uns gegen den bösen blick
der flügelschlag der tauben
schützte uns gegen die mäuse
und die märchen
unserer eltern führten uns
hinaus
hoch hinaus
in den himmel
und manchmal
konnten wir sogar
den mond greifen

# adana

im hinterhof
bei meiner schwester
streife ich
die last der reise ab
mit dem singsang
von arabisch kurdisch
türkisch und deutsch
fliegen mir erinnerungen zu

wenn dann
die tauben auffliegen
die fahrenden händler ihre waren anpreisen
wenn dann
die straßenlaternen aufflackern
der muezzin zum gebet ruft

wenn dann
die greise tante schahdiye
meine augen küßt
bin ich wieder
ein kind dieser gasse

# jacke

die jacke meines großvaters –
er trug sie
siebzig jahre
siebzig jahre
trug sie seine last

als er starb
wurde die jacke
sein leichentuch –
führte ihn richtung mekka

## der fänger

meine vorfahren
waren schamanen
auf dem heiligen berg nusayri
sie waren jäger
in den abgelegenen schluchten
sie waren sänger
in den geheimnisvollen nächten
rezitierten sie mit reinem herzen
um bis zu ihm vorzudringen

ich bin ein fänger
ein gedichtefänger
im jahre 2013
kann ich so überleben

ich fange gedichte ein
ganz gleich zu welcher tageszeit
ihr steht auf fahrt zur arbeit kommt heim
eßt zu abend geht ins bett
ich fange gedichte ein

überall finde ich sie:
unter den flügeln der nacht
am hinterbein des käfers
hinter den wellen des meeres
in dem schnabel der elster
zwischen den gleisen der bahn
in den augen meiner tochter

ich bin ein fänger
ein gedichtefänger
ohne netz ohne schlinge ohne speer
mit den reinen händen nur
um bis zu ihm vorzudringen

## anatolien

in den verrauchten überlandbussen
fuhr ich nachts an den rand des abgrunds

in den verwinkelten gassen
versteckte ich mich vor den soldaten

in den heiligen grabkammern
flüsterten sie gebete in mein ohr

in der ausgelaugten erde
liegen meine verwandten begraben

wo sind diese tage geblieben
sind es stimmen oder träume?

in den abgelegenen dörfern
verbrannte ich mir das gesicht

in dem stickigen halbdunkel
lernte ich das papier lieben

in den kargen apfelsinenhainen
folgte ich den spuren der schlangen

in den durchsichtigen nächten
lauschte ich den arabischen märchen

wo sind diese tage geblieben
sind es stimmen oder träume?

## heimat nicht

meine großeltern
die ich niemals gesehen habe
meine mutter
die ich niemals lachen hörte
mein bruder
der niemals gehen konnte
sind hier

meine tante
deren milch ich trank
mein onkel
dessen hand ich küßte
mein cousin
dessen märchen mich trösteten
meine cousine
in die ich verliebt war
sind hier

begraben

heimat nicht
erinnerungen
heimat nicht
sehnsucht
heimat nicht –
    die toten
    ziehen mich in diese stadt

## wessen

meine tante schahdiye
ist nicht mehr da
wessen küsse bekomme ich jetzt?

mein onkel vehbi
ist nicht mehr da
wessen bogma trinke ich jetzt?

meine tante sabahat
ist nicht mehr da
wessen märchen höre ich jetzt?

mein onkel ibrahim
ist nicht mehr da
wessen tauben füttere ich jetzt?

meine tante sabriye
ist nicht mehr da
wessen fladenbrot esse ich jetzt?

mein onkel süleyman
ist nicht mehr da
wessen hand küsse ich jetzt?

meine jahre
sind nicht mehr da
wessen kind werde ich jetzt?

# der kichererbsenverkäufer

nohut nohut
nohut nohut
wie oft weckten mich diese rufe
nach rechts und links verteilt

der schmächtige mann
schob seinen uralten handwagen
darauf ein bauchiger topf
voller kichererbsen
frisch zubereitet heiß dampfend
leicht gesalzen mit einem hauch curry

er gehörte zur gasse
wie das gurren der tauben
wie die abgeknickten laternen
wie der erstickte olivenbaum
wie der gebetsruf
gehörte er zum viertel

mein vater schenkte ihm ein hemd
jedes jahr während des heimaturlaubs
mein schwager reparierte seinen handwagen
meine schwester stellte ihm
jeden morgen ein glas milch vor die tür
und
ich
widme ihm
ein gedicht
    dem nohutverkäufer

## kindheitsgasse

wie mir der geruch
in dieser gasse vertraut ist –
ein aufwühlendes gemisch
dringt in die nase

wie mir die hitze
in dieser gasse vertraut ist –
die sengende sonne
brennt im nacken

zu staub
werden meine erinnerungen
aus der kindheit
legt sich auf meine zunge

wie mir der lärm
in dieser gasse vertraut ist –
von weitem die kinder
die greise vor den türen

wie mir der tod
in dieser gasse vertraut ist –
die klagelieder im hof
die gebete hinter den türen

wie mir die sehnsucht
nach dieser gasse vertraut ist –
das ankommen hat keinen namen
das abreisen nenne ich schmerz

## ankara IV

mit dreißig jahren
kam es zu meiner ersten lesung
im land meiner vorfahren

draußen wimmerte der eisige wind
während ich zum auftakt über kabel stolperte
auf dem pult meine bücher
ein glas wasser lauwarm
ein mikrophon verräterisch
mit herzklopfen stürzte ich mich in die gedichte

die zeit rann dahin
die spannung legte sich
meine hände erzählten
norddeutsche geschichten
meine zunge jonglierte
mit schweißperlen auf der stirn
streute ich türkische verse ein

und als ich nach zwei stunden dankte
erhoben sich im großen hörsaal
der hacettepe-universität
die menschen und applaudierten

mit heißen wangen und zitternden knien
würgte ich meine tränen herunter
als mein herz davongaloppierte
über den vereisten campus hinweg
über die kargen braunen hügel
über mustafa kemals haus
hinaus in die weite steppe
die einem traumteppich voller gedichte glich

# mein onkel süleyman

die graue pluderhose legte er nie ab
das stumme alphabet lernte er nie
eine andere stadt besuchte er nie

mein onkel süleyman
seine größe eins siebzig

zwei blutige weltkriege überstand er
mustafa kemals frühen tod überstand er
drei bittere militärputsche überstand er

mein onkel süleyman
seine größe eins siebzig

den türkischen stolz brachten ihm die jahre
zehn prächtige kinder brachten ihm die jahre
zwei blinde augen brachten ihm die jahre

doch
in den trümmern
des erdbebens
erkannte er mich
sofort
mein onkel süleyman
als ich seine hand an meine stirn führte

## meine tante feride

in den türkischen sommerwochen in adana
litt ich als kind
stets an einer mandelentzündung

es ist wegen der hitze
sagten manche
es kommt von der langen reise
meinten andere
es ist wegen der dicken kopfkissen
sagten manche
es kommt von der aufregung
meinten andere
es ist weil er auf dem dach schläft
sagten manche
es ist wie es kommt
sagte meine tante feride
zu der sie mich jedes mal brachten
so wie alle kranken in der gasse

meine tante feride
saß immer
barfüßig auf einem kleinen kelim
in der gasse
ihr kopftuch im nacken gebunden
den rücken an die hauswand gelehnt
das linke bein angewinkelt
und noch ehe ich mich herunterbeugen konnte
streckte sie mir ihre rechte hand entgegen
damit ich sie küßte
und an meine stirn führte

meine tante feride
wickelte dann
ein weißes kopftuch aus rauhem stoff
um zeige- und mittelfinger ihrer rechten hand
tunkte sie in eine schüssel
mit warmem olivenöl
klemmte meinen oberkörper
zwischen ihre beine
preßte meinen kopf in ihren schoß
und stieß die ölgetränkten kopftuchfinger
immer wieder in meinen rachen
während mein vater und meine mutter
mich an den beinen festhielten
ich zappelte dennoch
ich krächzte
ich weinte
ich fluchte innerlich
vielleicht schämte ich mich auch
und was ich mit sicherheit weiß:

bis zu meinem 19. lebensjahr
bis zu meiner mandeloperation
im stader krankenhaus
überkam mich jedes mal
eine panische angst
sobald ich
meine tante feride erblickte
in den türkischen sommerwochen
in adana

## fünfundzwanzig jahre

mitten in die flammen
blies er einen weg für mich

zu meiner linken
          ein halbmond
zu meiner rechten
          eine mauer

fünfundzwanzig jahre
trieb ich durch die wälder
          auf der suche
            nach einem gesicht

## vorfahren

auf den feldern meiner vorfahren
wuchs weiße wolle am dornenzweig
im tal zwischen seyhan und ceyhan
sammelte sich der armut atem
einem himmlischen schwarm vögeln gleich
trieb er ameisen in die häuser

im entfernten land meiner geburt
regiert einzig zeit alles denken
viel wird gesprochen von der liebe
allein wenig nur mit den augen
in alle welt wird der tod verkauft
für weiße wolle am dornenzweig

## çamyuva I

die bananenblätter
schwirren wie girlanden im wind

ein mondteppich
liegt auf dem mittelmeer

hinter meinem rücken
trotzen die taurusberge der zeit

am horizont
träumen die wolken im schlaf

die wellen
tragen den gesang der fische heran

im schoße solcher nächte
werden sterne geboren

## nachtgedanken

wie finden
delphine ihren weg?
verlieren nicht
die richtung in den tiefen
gleiten mit zuversicht
der nacht entgegen

während wir
uns ängstlich
zum schlafen legen
auf träume hoffen
die uns durch
die nacht tragen

## 12. september 1980

immer wieder nachts im schlaf
sogar neun jahre später
erreichen mich die schreie
nicht vergessener freunde

wir liefen unter geknickten laternen
sie erschossen meine spielkameraden
dreitausend kilometer aus der ferne
heimlich mit geballter faust in der tasche
an schweigenden grabsteinen sehnsucht würgen

trost spenden mit verbitterten sprüchen
den verbliebenen unserer herde
deren ungelebte zukunft plötzlich
überrollt wurde von panzerketten
im namen des vaters aller türken

## hungerstreik VI

heute ist mein freund
aygün ugur gestorben

seine haare schwarz – wie meine auch
sein alter zweiunddreißig – wie meines auch
seine familie aus adana – wie meine auch
seine abstammung arabisch – wie meine auch
seine mutter analphabetin – wie meine auch

sein vergehen:
er hat demonstriert – so wie ich auch
er in ankara – ich in bonn

# keine länder keine grenzen

die mutter der mutter meiner mutter
hatte brüste aus lehm
ließ pest und malaria hinter sich
überlebte die baumwolle
die dürre auf den feldern

die mutter der mutter meiner mutter
hatte hände aus ton
speiste ameise schaf und wolf
speiste den blutig-roten himmel
mit ihren alten totenklagen

die mutter der mutter meiner mutter
hatte ein herz aus wachs
zog von der heiligen stadt
in die tiefe ebene
hatte freies geleit
durch wüsten und steppen
über berge und meere
über länder und grenzen hinweg

# mit koffern
# voller heimweh

# ich bin ein mensch

ich bin ein mensch
ich der türke arif aus adana
ein mensch
genau wie du mein freund
aus fleisch und blut
mit haut und haaren
voller lebensskraft bin ich
ich bin ein mensch mein freund

ich habe gefühle
ich der türke ahmet aus istanbul
ich habe gefühle
vielleicht so wie du
mein freund
ich liebe
weine
leide
ich lache
zu hassen vermag ich auch
ich quelle über
vor gefühlen mein freund
berauscht bin ich

ich habe angst
ich der türke kemal aus ankara
ich habe angst
vielleicht so wie du
mein freund

ich habe angst vor krieg und gewalt
angst um meine lieben
angst vor der nacht vor der einsamkeit
angst vor der zukunft
und manchmal auch vor dir
mein lieber freund

ich habe sehnsucht
ich der türke mehmet vom van-see
ich habe sehnsucht
vielleicht so wie du
mein freund
ich sehne mich
nach ruhe und frieden
nach liebe und wärme
nach meiner heimat sehne ich mich
ich habe unbeschreibliche sehnsucht
mein lieber freund
ich erkranke daran

ich habe hoffnung
ich der türke hasan aus iskenderun
ich habe trotz alledem hoffnung
genau so wie du sie haben solltest
mein freund
ich glaube an die zukunft
sonst wäre ich schon längst
nicht mehr
unsere zeit
die wird kommen
mein lieber freund dafür laß uns leben

# fast ein rundbrief

ich bin
in erster
linie
mensch
schlicht und ergreifend
mensch

danach erst:
    türke
    ausländer
    betroffener
    benachteiligter
    ausgestoßener ...

warum also keine liebesgedichte?

# verfolgte

wir flohen
nach deutschland
weil wir
in unserer heimat
gejagt wurden

konnten wir
ahnen
daß unsere
häscher schon
  vorausgeeilt waren?

# meine landsleute

I

sie holten meine landsleute
damals vor zwanzig jahren
arbeitskräfte bester qualität
die stärksten nur nahmen sie
prüften sie auf gesundheit und tauglichkeit
nackt in reih und glied
die hände über den köpfen verschränkt
ihre zahl vertraglich vereinbart

und benutzten die braunen schultern
der anatolischen stiere
zum aufbau und zur festigung
der wirtschaft

II

es kamen menschen
mit gütiger gesinnung
voller hoffnung auf eine zukunft

es kamen menschen
mit gefühlen
mit ängsten mit komplexen

es kamen menschen
mit sitten und gebräuchen
befremdlicher art

es kamen menschen
mit uralter
kultur und tradition

es kamen menschen
und schlugen hier
neue wurzeln
denn wie gesagt
es kamen menschen

III

man lobte sie
    sie waren fleißig
man mißtraute ihnen
    sie waren eigenwillig
man half ihnen
    sie waren hilflos
man scheute sie
    sie waren befremdlich
man integrierte sie
    sie waren bereit
man nutzte sie aus
    sie waren ängstlich
man erdrückte sie
    sie waren geduldig
man haßte sie
    sie wurden unbequem
jetzt da sie
scheinbar ausgedient haben
verschlissene arbeitskräfte

IV

es kamen frische berglöwen
von anatolischen höhen
die mit den wolken spielten
und täglich die sonne küßten

es gehen ausgelaugte bergleute
aus tiefen kohlegruben
mit schrecklich verrußten lungen
und blutiger galle

es gehen geschundene menschen
an sehnsucht zerbrochen
an heimweh erkrankt
in der heimat fremde geworden
fremde hier geblieben
unglücklich zerrissen zwischen zwei welten

und lassen einen teil von sich zurück
den verstreuten samen
der schon wurzeln schlägt
dessen äste schon sprießen

## deutsche geschichte

sie strömten herbei –

aus allen himmelsrichtungen
einem schwarm schmetterlingen gleich
aus anderen ländern
anderen welten

menschen
vielfältig wie die natur
zahlreich wie blätter
an den bäumen

unzählige namenlose
alle gleichsam hungrig
nach leben –

und schreiben gemeinsam
ein beschämendes kapitel
deutscher geschichte

## wir kamen

wir kamen
aus erzurum und aus antalya
aus kayseri und adana
aus anatolien kamen wir
aus dem schoße der mutter erde

wir kamen
mit koffern voller heimweh
und mit tränen für jahre
mit unseren liebsten
im rücken
kamen wir aus dem schoße
der mutter erde – unser herz klamm

wir kamen
in dunklen zügen
aus dem schoße
unserer mutter erde
mit einem unbekannten
ziel kamen wir
und glaubt nicht
daß unsere herzen
voller freude waren
als wir kamen

einigen von uns
brannte noch die
trockene harte erde
unter den fingernägeln
anderer lungen waren
angefüllt
mit heißer sonne
im schoße
unserer mutter erde

einige der unsrigen
hatten zeit ihres lebens
keinen tag keine nacht
ohne ihre familien verbracht
viele auch konnten
kaum lesen und schreiben
andere sahen noch
keine häuser außer
die in ihrem dorfe

kein flugzeug kannten
          wir keine maschinen
                    kein fließband und kein akkord
nur unsere hände
          die arbeit
                    unsere lieben
                              die armut
und unsere mutter erde
                    kannten wir
                              die uns aus ihrem schoße gebar

# asyl

ernst reuter sozialdemokrat
paul hindemith komponist
clemens holzmeister architekt
fritz neumark professor
carl ebert operndirektor
und viele andere mehr

fanden gnädig asyl in der türkei
lange noch bevor der krieg ausbrach

es ist fraglich ob ihr leben
bereits bedroht war zu jener zeit

fraglich ist zumindest auch
ob sie nicht ihre berufe hätten
weiter ausüben können

vielleicht vermochten sie in die zukunft
zu schauen und erkannten die gefahr

wahrscheinlich waren sie
alle wirtschaftsasylanten

sicherlich würden sie heute
in deutschland
kein asyl erhalten

## lichterkette

gestern nacht haben sie wieder
ein türkisches gebetshaus angezündet
diesmal im ruhrgebiet
ein weiteres glied
in der neuen lichterkette

die abstände werden zusehends kürzer
die solidaritätsrufe
lassen immer länger
auf sich warten

ich habe wieder gebetet heute
doch im verbrannten himmel
ist kein platz für fromme wünsche

## prüfung

neulich bat
am flughafen frankfurt
ein katholischer pfarrer
aus einem afrikanischen land
um asyl

er wurde für wochen eingesperrt
mehrfach verhört und zum schluß
fünf stunden lang geprüft –
um zu beweisen
daß er ein pfarrer sei

weil er die christologischen kontroversen
in der alten kirche
nicht im detail kannte
weil er die politische ethik
in den werken von hegel und kant
nur in grundzügen kannte
wurde sein asylantrag abgelehnt

## neunter brief an tante schahdiye

deine zuversicht
habe ich stets bewundert meine tante
du hast mir erzählt
wie du die verwandten besuchst
in adana
stellst dich einfach an die straße
fragst irgendeinen menschen

adressen nützen nichts
da die schrift dir nichts bedeutet
doch immer wieder gelingt es jemandem
den weg zu finden
dich hinzufahren
zur schwester cousine oder enkel

dein alter gleicht einer heiligkeit
selig der
der dir einen dienst erweisen kann
in diesem leben

und du bist nie aus adana hinausgegangen
hast nie deinen fuß auf die brücke
über das goldene horn gesetzt
warst nie am jachthafen von marmaris
standest nie vor der celcius bibliothek in ephesus

auch mölln
kennst du sicher nicht
und solingen oder hoyerswerda
es sind brennende städte
meine tante
deutsche städte
die vor haß verbrennen

sie fürchten sich vor dem hunger
vor der zukunft
im wiedervereinten deutschland
mögen die ausländer nicht mehr
deswegen werfen sie nachts molotow-cocktails
in asylantenheime

oder zünden häuser von türkischen familien an
männer kinder und frauen verbrannten
manche von ihnen sind behindert gewesen
andere sind bis an ihr lebensende
von den brandspuren gezeichnet
und die anschläge nehmen kein ende

sie haben nichts gelernt
aus der vergangenheit
immer mehr von ihnen
strecken den rechten arm aus
und die verantwortlichen
lassen sie gewähren

ein beispiel
meine tante
ein pastor ein gottesmann
der mit seiner gemeinde
die zufahrt zum atomlager
in gorleben blockiert
bleibt länger in polizeigewahrsam
als ein jugendlicher
der in der fußgängerzone magdeburgs
blutige jagd auf ausländer macht

und was die angst der türken betrifft:
neulich hat der polizeipräsident von köln
in einer großen tageszeitung
den türken angeraten
einen feuerlöscher an ihrem bett aufzubewahren
für alle fälle
sicherheitshalber

## brennende nächte

rostock
mölln
solingen
bielefeld

die nächte brennen
im kalten deutschland

brot oder wasser
ist nicht das problem

sein oder nicht sein
lautet nicht die devise

brennen oder nicht brennen
ist die frage heute nacht

## schlechte stimmung

heute
ist der fünfte tag
da ich auf reisen bin
meine geliebte nicht sah

heute
regnet es seit dem frühen morgen
meine füße sind naß
die erkältung ist mir sicher

heute
habe ich meinen bruder besucht in der psychiatrie
hinter verriegelten türen

heute
haben sie die kurdische abgeordnete in ankara
zu fünfzehn jahren gefängnis verurteilt

heute ist mir nicht
nach schreiben zumute

## ausweg

wohin soll ich gehen
fragt alifred
halbe türkei
gehe ich zu hans
spricht yusuf nicht mehr
gehe ich zu osman
schweigt wolfgang
die gedanken finden keinen ausweg

wohin soll ich gehen
fragt helgayşe
halbes deutschland
gehe ich nach duisburg
scheint die sonne nicht mehr
gehe ich nach antakya
ist die sprache mir fremd
die schritte finden keinen ausweg

## zeiten

es gab zeiten
da haben türkische konsule
deutschen juden
türkische pässe ausgestellt
um sie vor deutschen gaskammern
zu retten

heute lassen
deutsche konsule
türkische frauen
auf schwangerschaft untersuchen
bevor sie ihnen
deutsche visa
in türkische pässe aufdrücken
um drei wochen urlaub
in deutschland zu genehmigen

# reformen in deutschland

es gab zeiten
da schmiedeten
kluge männer
mit aufrechtem gang
kluge gedanke
zum wohle ihres landes
gingen in klausur
berieten wochen monate
traten dann erst
an die öffentlichkeit
sprachen mit wohl durchdachten worten

heute
schmieden
schnelle männer
mit wankelmütigem gang
halbgare gedanken
zum wohle ihrer umfragewerte
und spucken
im schatten von landtagswahlen
jeden zweiten tag
sogenannte reformen aus
deren haltbarkeit
keinen becher joghurt übertrifft

## deutsche großherzigkeit

dieses land mit seinen 16 bundesländern
und seinen 82 millionen einwohnern
mit seinem autobahnetz von 12.350 kilometern
und seinem bundeshaushalt von
200 milliarden 616 millionen euro

dieses land mit seinen 80 nobelpreisträgern
und seiner bahn mit 34.000 kilometer schienen
dieses land mit seinen 798.000 millionären
einem geldvermögen der privaten haushalte
von 4 billionen 500 milliarden euro
und einer generation
die in den nächsten jahren über eine billion euro
zu vererben hat

dieses land
mit seinem rekordexport von 893 milliarden euro
und seinen unternehmen
wie vw mit dem auslieferungsrekord
von 5 millionen 730 tausend autos
wie siemens mit seinen 419.000 mitarbeitern
wie die deutsche bank mit ihrem rekordgewinn
von 8 milliarden euro vor steuern

dieses land
mit seinem bundestag und bundesrat
mit seinem nationalen integrationsplan
mit seinem zuwanderungsgesetz
mit seiner deutschen islamkonferenz
mit seiner schrumpfenden bevölkerung

dieses land
gewährte
im gesamten rekordjahr 2006
nur 251 flüchtlingen asyl

## mein cousin cahit

mein cousin cahit war möbelschnitzer
mit seinen stecheisen stach schnitzte stemmte er
wunderschöne ornamente und verzierungen
er war noch jung doch ein meister
im staubigen halbdunkel der werkstatt

im türkischen sommerurlaub
besuchte ich ihn jeden tag
jedes mal bestellte er
tee cola oder ayran für mich
mittags kauften wir
eine hand voll oliven eine zwiebel zwei drei tomaten
stiegen auf das dach –
eine ungestörte ecke im schatten
eine prise salz auf dem boden
für jeden ein halbes brot

mein cousin cahit hatte handballen so hart wie holz
sie ersetzten ihm den hammer
seine hände waren seine schule
sie ersetzten ihm bücher stifte hefte
seine finger erzählten
die geschichte unserer kindheit

mein cousin cahit kümmerte sich
weder um geschichte noch um politik
seine hoffnung lag in der tiefe des holzes
sein schicksal lag auf der scharfen klinge
und niemals hätte er sich erträumt
in fernen kühlen nächten
am hamburger flughafen zu arbeiten

## aras der dichter

es sprach des nachts der dichter
erzählte vom beginn seiner reise
als er nach deutschland kam
anfangs nur kurz später für immer
dem leben entgegen
sich niederließ und wurzeln schlug –
nahm bedächtig einen schluck rak_

es sprach des nachts der dichter
erzählte von vergangenen zeiten
als in seiner alten heimat osmanisch die sprache war
die diwan-poesie in höchstem glanz
baki und nedim im elfenbeinturm
süleyman der prächtige einer ohne gleichen –
gab uns von damals kostproben zum besten

es sprach des nachts der dichter
erzählte von heutigen tagen
von der grauen mauer seiner stadt berlin
die mitten durch seine stirn verläuft
auf einer seite der erbe chamissos
auf der anderen ein türke ohne fahrschein im bus –
zog andächtig an seiner pfeife

es sprach der dichter aras
erzählte von seiner zukunft
mal auf türkisch bald auf deutsch
er werde weiterhin
nur in seiner muttersprache schreiben
um unermüdlich aufs neue mitzuteilen
vom inneren schmerz gestern wie heute auch morgen

# Nachwort

# Ein Weltensammler: Zu Nevfel Cumarts Leben und Werk

Literatur zu schreiben und zu lesen ist, wie es der US-amerikanische Kulturwissenschaftler Harold Bloom bereits vor rund 30 Jahren formulierte[1], wieder zu einer elitären Angelegenheit geworden. Auch wenn die Zahl der jährlichen Neuerscheinungen, wie sie auf der Frankfurter Buchmesse vorgestellt werden, seit vielen Jahren auf hohem Niveau stabil bleibt, so gibt es doch eine sich immer mehr erweiternde Kluft zwischen den Bestsellern und den Wenig-Sellern. Die Auflagenhöhe der meisten Titel ist seit den 1990ern kontinuierlich zurückgegangen, während einzelne Titel zu großen Erfolgen werden, und das sind in der Regel keine Texte, die zur eigenen Reflexion anregen und zu einer positiven Entwicklung der demokratischen Gesellschaft beitragen. Es handelt sich um so klischeehafte, alte Rollenmuster in neuen Schläuchen verkaufende, marktgängige Produkte wie die Roman-Trilogie *Shades of Grey* von E. L. James (2011/12). In der Schule wird immer weniger gelesen und Begriffe wie ‚Ganzschrift' camouflieren, dass es hauptsächlich nur noch Ausschnitte von wichtigen Texten des kollektiven Gedächtnisses unserer Gesellschaft sind, die Schüler*innen zugemutet werden. Der „Erinnerungskultur als Paradigma"[2] steht heute eine immer größere Geschichtsvergessenheit und Erinnerungslosigkeit gegenüber, wie

1 Harold Bloom: *The Western Canon. The Books and School of the Ages.* New York: Riverhead Books 1994

2 Michael Braun: *Die deutsche Gegenwartsliteratur.* Köln u.a.: Böhlau 2010

man an den Erfolgen einer groß gewordenen Partei ablesen kann, die sich gegen ‚Ausländer' wendet und nicht anerkennen will, dass Deutschland eine multikulturelle und plurale Gesellschaft hat, als Land mitten in Europa mit fluktuierenden Grenzen auch eigentlich immer schon hatte. Stattdessen versucht wieder einmal (immer noch?) eine sich als ‚bürgerlich' verstehende, einflussreiche ‚Elite', den Bürger*innen das Gegenteil weiszumachen (weiß zu machen?).

Literatur sollte eigentlich, wie auch Bloom feststellt, für das ‚Andere', das Abweichende, das Interessante votieren und ihre Leser*innen dafür begeistern. Das ‚Andere' hat es in der deutschen Gesellschaft nie so ganz leicht gehabt, dafür muss man nicht erst auf Nationalsozialismus und Holocaust verweisen, auch die erst spät ansatzweise und mit Hilfe von Literatur (namentlich durch Veröffentlichungen Uwe Timms) aufgearbeitete Geschichte der deutschen Kolonien oder, weiter zurück, die Ausgrenzungsmechanismen des Absolutismus wären ein unerschöpflicher Fundus für die Alteritätsforschung, leider meist nicht im positiven Sinn. Die Literatur war in diesem Spiel immer schon der Igel, der dem Hasen, wenn er denn einmal wirklich ins Ziel kam, sagen musste – ich bin schon lange da. Gewonnen hat dennoch immer der Hase, der hinterher wieder einmal von nichts gewusst haben will. Der Igel, also die Literatur, trägt daran keine Schuld; die ist nur der Ignoranz und der Dummheit der vielen Häsinnen und Hasen zuzuschreiben, also einer großen Zahl von Bürger*innen; eine Ignoranz und Dummheit, gegen die gute Autor*innen in einem ungleichen Kräfteverhältnis versuchen anzuschreiben.

Spätestens seit Johann Wolfgang Goethes Begriff einer „Weltliteratur"[3], die er etwa mit seiner Lyrikanthologie

3 Dieter Lamping: *Die Idee der Weltliteratur. Ein Konzept Goethes und seine Karriere.* Stuttgart: Kröner 2010

*West-östlichen Divan* auch selbst umzusetzen versuchte, ist ‚gute' Literatur immer weltoffen, tolerant und im besten Sinne kritisch gegenüber jedem totalitären Versuch, einzelne Positionen zum Nachteil anderer absolut zu setzen. Insofern ist der Begriff der „Interkulturellen Literaturwissenschaft" zwar ein notwendiger und in der Germanistik populärer gewordenen[4], der auf die produktive Kraft einzelner Autor*innen wie Emine Sevgi Özdamar und Feridun Zaimoglu hinweist, doch eigentlich ist er tautologisch. Gute Literatur ist immer interkulturell, sei es durch Einflüsse anderer Literaturen und Kulturen, die sie verarbeitet (die deutschsprachige Literatur bis zu Weimarer Klassik und Romantik wäre ohne die griechische, römische, lateinische, französische und britische Literatur überhaupt nicht zu denken), oder durch entsprechende Wirkung auf andere Literaturen (Franz Kafka und Erich Kästner gehören zu den meistübersetzen und meistverkauften Autoren weltweit – und ist der Tscheche Franz Kafka wirklich ein ‚deutscher' Autor?), oder durch Handlungsorte, Schauplätze und Figurenschicksale. Wie die Kultur ist auch die Literatur per se immer schon hybrid[5].

Nach Kriegsende musste sich die deutsche Gesellschaft zumindest langsam ändern. Die sich an die sogenannten Westmächte anschließende Bundesrepublik hatte eine riesige Zahl von Flüchtlingen aus den ehemaligen ‚Ostgebieten' zu integrieren, und bald danach kamen dann die sogenannten ‚Gastarbeiter', zu deren Kindern auch Nevfel Cumart gehört. Am 31. Mai 1964 erblickte er im rheinland-pfälzischen Lingenfeld das Licht der Welt. Seine Eltern waren aus der südtürkischen Stadt Adana nach Deutschland gekommen, dort gehörten sie einer arabisch sprechenden Minderheit an – eine Prägung, die für das

---

4 vgl. Michael Hofmann: *Interkulturelle Literaturwissenschaft. Eine Einführung*. Paderborn: Fink 2006)

5 vgl. Homi K. Bhabha: *The Location of Culture*. London u. New York: Routledge 2007

Schreiben ihres Sohnes noch eine wichtige Rolle spielen sollte. Wie viele ‚Gastarbeiter' waren sie keine, der Euphemismus verdeckte nur notdürftig die Not der hinter ihm stehenden Schicksale; sie schufteten schwer und blieben in Deutschland bis zu ihrem Lebensende.

Nevfel Cumart besuchte in Stade an der Elbe als damals einziger ‚Ausländer' – der qua Geburt eigentlich keiner war – das Vincent-Lübeck-Gymnasium. Eoin Bourke hat seinen Lebenslauf wie folgt präzise zusammengefasst: „Einen Teil seiner Jugend verbrachte er bei deutschen Pflegeeltern. Abitur 1984, anschließend Zimmermannslehre bis Winter 1986, Tätigkeit als Bildungsreferent für Sportverbände und Jugendorganisationen, absolvierte ab 1986 ein durch Nebenarbeit finanziertes Studium der Turkologie, Arabistik und Islamkunde, Magister Artium 1993 in Bamberg [...]"[6].

In Bamberg ist Nevfel Cumart auch geblieben, wenn man von seinen zahlreichen – nein, zahllosen – Reisen absieht, private etwa in die alte Heimat der Eltern und berufliche, vor allem an Schulen, Universitäten und andere Bildungseinrichtungen im ganzen Land und auch weit darüber hinaus. Nevfel Cumart heiratete eine Griechin, adoptierte mit ihr eine kleine Tochter und widmete beiden zahlreiche Gedichte. Er ist freiberuflicher Schriftsteller, Journalist und Übersetzer. So hat er u.a. Werke von Yaşar Kemal, Aziz Nesin und Fazil Hüsnü Dağlarca ins Deutsche übersetzt. Seine eigenen Gedichte sind ihrerseits – um wieder auf Eoin Bourkes klugen Artikel zurückzugreifen – ins Englische, Polnische, Russische und Griechische übersetzt worden. Als Herausgeber hat er bislang 16 Anthologien veröffentlicht, nicht wenige davon mit literarischen Texten von

6 (Bourke: Nevfel Cumart, in: Munzinger Online/KLG – Kritisches Lexikon zur deutschsprachigen Gegenwartsliteratur. URL: https://online.munzinger.de/document/16000000750, abgerufen von Landesbibliothekszentrum Rheinland-Pfalz am 29.8.2023)

Jugendlichen, mit denen er kreative Schreibwerkstätten durchführte.

Eoin Burke zeichnet auch verantwortlich für die englischen Übersetzungen, die in zwei Bänden als zweisprachige Ausgaben erschienen sind: *Waves of Time – Wellen der Zeit* (Düsseldorf: Grupello 1998) und *Beyond Words – Jenseits der Worte* (Düsseldorf: Grupello 2006). Durch die zwar in der Zusammenstellung stets originelle, aber zugleich auch einfache und leicht zu verstehende Wortwahl behalten die Gedichte Charme und Bedeutung und machen es ihrem Übersetzer nicht schwer, wie sich etwa an *wir nomaden* zeigen lässt: „*we nomads* / the seas are the mountain's tears / the clouds are their breath / from the mountains we nomads come / to the mountains we return" (aus: *Waves of Time – Wellen der Zeit*). Der Verzicht auf Großschreibung schon im Original kommt der Übertragbarkeit ebenfalls zugute.

Für sein Werk hat Nevfel Cumart zahlreiche Preise und Auszeichnungen erhalten: den Literaturförderpreis des Landes Rheinland-Pfalz (1992), den Staatlichen Förderungspreis für Literatur des Landes Bayern (1995), Aufenthaltsstipendien im Literarischen Colloquium Berlin (1995 und 1996), den Kulturpreis der E.ON Bayern AG (2008), den Kulturpreis Bayern (2008), den Kulturpreis der Oberfrankenstiftung (2009), den Pax-Bank-Preis (2011), die Poetik-Professur der Universität Innsbruck (2012), das Bundesverdienstkreuz am Bande (2014) und den IHK Kulturpreis Mittelfranken (2016). 2018 war er Residenzautor des Goethe-Instituts in Finnland. 2010 durfte er sich in das Goldene Buch seiner Heimatstadt Stade eintragen, Bürgermeister Andreas Rieckhof zählte ihn dabei zu den „bedeutendsten Söhnen unserer Stadt", so *das Stader Tageblatt* vom 19. Mai 2010. Und am 15. Juli 2014 konnte dieselbe Zeitung dann vermelden: „Der in Stade aufgewachsene Lyriker türkischer Herkunft Nevfel Cumart hat die Verständigung zwischen unterschiedlichen Kulturen und Religionen zu seiner Lebensaufgabe gemacht. Für dieses Engagement wurde Cumart vergangene Woche von Bundespräsident Joachim Gauck das Verdienstkreuz am Bande verliehen."

Gesellschaftlich aktiv ist Nevfel Cumart auch als Erster Vorsitzender der Neuen Gesellschaft für Literatur Erlangen (NGL), als Mitglied im P.E.N.-Zentrum Deutschland, in der europäischen Autorenvereinigung DIE KOGGE und im Vorstand des VS – Verband deutscher Schriftsteller Oberfranken. Er gehört dem Wissenschaftlichen Beirat der Georges-Anawati-Stiftung an, die sich für die Förderung des Dialogs zwischen Christen und Muslimen einsetzt. Seit 2016 ist er Schirmherr des alljährlichen Bamberger Literaturfestivals „BamLit" und des Vereins „MENTOR – Die Leselernhelfer", das mit Hilfe von Ehrenamtlichen Kindern und Jugendlichen Lesefreude und Lesekompetenz vermittelt. Prädestiniert als Vermittler zwischen unterschiedlichen Kulturen, hat er es immer wieder vermocht, nicht nur Schüler*innen – so ein Titel eines von ihm herausgegebenen Bandes – *Die Farben der Fremde* (Bamberg: Edition Hübscher 2009) vor Augen zu führen.

Diese Stellung in der Gesellschaft wurde Nevfel Cumart wahrlich nicht in die Wiege gelegt, er hat sie sich hart erarbeitet und er hat die eigenen Erfahrungen genutzt, um sie für andere, die in einer ähnlichen Situation waren und sind, produktiv zu machen:

„Cumart erzählt aber nicht nur von eigenen und familiären Nöten, sondern machte sich von Anfang an zum Sprachrohr für die Leidensgenossen der ersten und zweiten Gastarbeitergenerationen wie auch für Asylsuchende. [...] Cumarts eigener Antrag auf Einbürgerung wurde zunächst im Jahr 1983 mit der Begründung abgelehnt, er könnte ‚der deutschen Gesellschaft zur Last' fallen. Nach einem zweiten, diesmal erfolgreichen Antrag des Jahres 1992 prangerte Cumart im Gedicht ‚staatsbürgerschaft' die deutsche Bürokratie an. [...] Cumart bereichert die deutsche Gesellschaft tatsächlich in einem sehr konkreten Sinn, indem er seit Jahren einer der gefragtesten Gastvortragenden in sogenannten ‚Brennpunkt-Schulen' in ganz Deutschland ist, wo die ethnisch gemischten Zuhörer unter Umständen ‚noch nie einen Autor gesehen haben' (Cumart), die sich aber direkt mit seinen Erfahrungen auch auf präintellektueller Ebene identifizieren können. Seine Thematik und die Fähigkeit, sie hautnah herüberzubringen, macht ihn wie kaum einen anderen dafür geeignet, das, was er seine ‚Kulturbasisarbeit' oder ‚Grasnarbenarbeit' nennt – also Lesungen, Vorträge und kreative Schreibwerkstätten an Hauptschulen, Realschulen, Gymnasien und Berufsschulen – auszuführen, und zwar, wie in zahllosen Reportagen in deutschen Lokalblättern bestätigt wird, mit großer Resonanz. Dies stellt eine sozialpädagogische Leistung von unschätzbarem Wert im Kampf gegen Stereotypisierung und den alltäglichen Rassismus dar" (Bourke: Nevfel Cumart).

In einem Band mit Erzählungen, *Hochzeit mit Hindernissen* (Düsseldorf: Grupello 1998), hat Nevfel Cumart selber davon episodenhaft Rechenschaft gegeben. Die Titelgeschichte zeichnet in der für ihn charakteristischen Mischung aus Lakonie und leichter Ironie am eigenen Beispiel nach, wie Alltagsrassismus in deutschen Amtsstuben funktioniert. Auch in zahlreichen Gedichten wird die paradoxe Erfahrung, nicht und andererseits doch dazuzugehören, eingefangen, etwa in *über die heimat I*: „sie fragen mich / ob ich nicht wieder / zurückkehren will / in die heimat // ich frage mich / ob es ein / zurück gibt / in ein land / in dem es kein / beginn gab" (aus: *Zwei Welten.* Gedichte. Düsseldorf: Grupello 1996). Klug gesetzt sind die Umbrüche der Verszeilen, die immer wieder das Unlogische der Behandlung durch die selbsternannten ,Einheimischen' betonen.

Die bereits von Eoin Bourke angesprochene schwierige Einbürgerung des in Deutschland Geborenen ist Thema des Gedichts *deutsche staatsbürgerschaft*, das mit dieser lakonisch-ironischen Strophe endet: „nach neun erbärmlichen jahren / fast auf den tag genau / führt die odyssee / endlich in einen sicheren haften / zumindest aufenthaltsrechtlich" (aus: *Zwei Welten*, s.o.). Auch den Perspektiven anderer, die in einer ähnlichen Situation sind, wird Ausdruck gegeben, etwa in *ausweg*, hier die erste Strophe: „wohin soll ich gehen / fragt alifred / halbe türkei / gehe ich zu hans / spricht yusuf nicht mehr / gehe ich zu osman / schweigt wolfgang / die gedanken finden keinen ausweg" (aus: *Zwei Welten*, s.o.).

19 Gedichtbände hat Nevfel Cumart bisher veröffentlicht, der vorliegende Auswahlband ist nun sein zwanzigster. Schon an ihren Titeln lassen sich sowohl die Themen als auch die Entwicklung ihres Autors und der Zeit nachvollziehen. Zunächst (hier nur eine Auswahl) betrachtet sich der werdende Autor *Im Spiegel* (Gedichte. Horneburg: Järnecke 1983), dabei sieht er sein *Herz in der Schlinge* (Gedichte. Stade: Törtel 1985). Seine kulturelle Erfahrung wird zu einem *Schmelztiegel im Flammenmeer* (Gedichte. Frankfurt/M.: Dağyeli 1988). Er ist bemüht, sich *Das Lachen* [zu] *bewahren* (Gedichte aus den Jahren 1983 bis 1993. Düsseldorf: Grupello 1993), obwohl er weiterhin in *Zwei Welten* (s.o.) lebt, darunter *Auf den Märchendächern* (Gedichte. Düsseldorf: Grupello 1999) der Heimat seiner Eltern. So bleibt er *Unterwegs zu Hause* (Gedichte. Düsseldorf: Grupello 2003) und bemüht sich, das *Jenseits der Worte* (Gedichte. Übersetzungen ins Englische von Eoin Bourke. Düsseldorf: Grupello 2006) mit seiner lyrischen Sprache einzufangen.

Auch wenn *Dem Leben entgegen* (Gedichte. Düsseldorf: Grupello 2009) dann ausgesprochen positiv klingt, so verschweigen die Texte keineswegs die Mühseligkeiten, bei aller nun doch einsetzenden Anerkennung. Tatsächlich resultiert der zuletzt genannte Titel sogar aus einer tödlichen Bedrohung – Nevfel Cumart entkam mit seiner Familie nur knapp dem Tsunami an Weihnachten 2004 in Asien. Selbst diese existentielle Erfahrung gerinnt zu Gedichten, die den Schrecken aber nicht bannen, sondern ihn als Ausnahmesituation erfahrbar machen wollen, etwa in dem ersten Gedicht des Bandes, *prolog* betitelt. Scheinbar paradox ist, dass der Prolog, der ja am Anfang von etwas steht, zugleich auf die tödliche Bedrohung des Endes von allem verweist – hier die Schluss-Strophe: „der berg ruhte unter den wolken / der tod schwieg / die welle kam". Die weiteren Gedichte pendeln zwischen Trauer und Resignation einerseits: „der mond ist / mein zeuge / die nacht ist / eine verräterin –", so die erste Strophe von *verrat*, und der dem Band seinen Titel gebenden Hoffnung andererseits, etwa wenn die *wüstenträume* eine sichere Ankunft in der Zweisamkeit imaginieren: „der brennende wind / trägt mir / deinen namen zu – / meine füße / werden dorthin gehen / wo du schläfst".

Selbst bei den traurig und resignativ scheinenden Gedichten ist zu bedenken, dass schon der lyrische Ausdruck Linderung bedeutet, schließlich gilt: „viel nützen / wird es nicht – / du mußt / die traurigkeit umarmen" (aus: *Unter den Flügeln der Nacht.* Gedichte. Düsseldorf: Grupello 2012). Cumart steht hier in einer langen Tradition, die bereits Johann Wolfgang Goethe am Ende seines Dramas *Torquato Tasso* seine Dichterfigur wie folgt zusammenfassen lässt: „Und wenn der Mensch in seiner Qual verstummt, / Gab mir ein Gott, zu sagen wie ich leide."

Nevfel Cumart ist ein Autor der zweiten Nachkriegsgeneration und der zweiten Generation von Migrant*innen, wobei er selber eigentlich kein Migrant ist – die Herkunft seiner Eltern wird ihm nur zugeschrieben und so haben es viele andere erfahren. Diese Erfahrung hält sein Gedicht „zweite generation" exemplarisch fest und das, was andere als Minus ansehen, wird zum Plus: „auf unseren / schultern / die bürde / zweier welten // unser geist / ein schmelztiegel / im flammenmeer / tausendjähriger kulturen // sind wir / freunde der sonne / und der nacht" (aus *Zwei Welten*). Es ist wohl die Kombination aus ehrlicher, ungeschönter Reflexion von Problemen einerseits, jenen mit sich selbst und solchen mit der eigenen Umwelt, und der lyrischen Gestaltung der vielfältigen Schönheiten des Lebens andererseits, unabhängig von Herkunft und sozialer Stellung, die so anziehend auf Leser*innen wirkt, nicht zuletzt auf junge Leser*innen, die selbst noch auf der Suche nach einer eigenen Identität sind.

Dass Lesungen seiner Gedichte in der Schule besonders nachgefragt wurden und werden, ist also kein Zufall. Die Gedichte erfüllen alle Voraussetzungen, die an Literatur im schulischen Unterricht gestellt werden[7], weil sie welthaltig und reich an Kontextbezügen sind, aber auch, weil sie unterschiedliche Traditionen der Lyrik weiterführen, formal und inhaltlich, in Bildern, Themen und Motiven. Solche Gedichte haben das Potential, die immer größer werdende Lücke zwischen Leser*innen und Nichtleser*innen wieder zu schließen, wenn sie die Chance dazu bekommen. Die vorliegende Auswahl führt dies exemplarisch vor – ihren kulturellen Reichtum, der leider vom ökonomischen weit entfernt ist, wohl auch deshalb, weil die Gedichte keine Klischees reproduzieren, keine rückwärtsgewandten ‚Ideale' vorführen, nicht das Unerklärbare verklären, sondern oft lakonisch, manchmal auch ein wenig ironisch Gefühle auf den Punkt bringen und eigene Bilder und Gedanken im Kopf der Leser*innen evozieren.

---

7 vgl. Christian Dawidowski: *Literaturdidaktik Deutsch. Eine Einführung.* Unter Mitarbeit von Angelika Stolle u.a. Paderborn: Schöningh 2016

Cumart kann auf ein erfolgreiches Leben und Arbeiten zurückblicken und doch bleibt es ein Rätsel, weshalb dieser – um es mit dem Titel eines berühmt gewordenen Romans der ‚Migrationsliteratur', von Ilija Trojanow, aus dem Jahr 2006 zu sagen – „Weltensammler" nicht den Erfolg hat, der ihm eigentlich gebührt. Seine Gedichte sind eingängig und dennoch komplex, einfach und reichhaltig, bodenständig und welthaltig, sie sind prädestiniert für Schullesebücher wie für das Lesen zuhause, mit oder ohne Vorwissen. Sie stehen in einer langen internationalen, wenn auch kulturell dann unterschiedlich ausgeprägten Tradition von ‚Gebrauchslyrik' – ein Begriff, der in einer früheren Zeit für die Gedichte von Bertolt Brecht oder Erich Kästner geprägt wurde, die aber wiederum an die Tradition des Bänkelsangs oder der Volksballaden anknüpfen konnten, deren Vorbilder vor allem aus der europäischen Literatur kamen. So ist Tradition, wenn sie nicht ideologisch vereinnahmt wird – sie lässt sich immer weiter zurückverfolgen und wird dabei immer diverser.

Cumarts Lyrik ist, eher wie einige der publikumszugewandten Gedichte Goethes, mehr als europäisch, sie ist weltumspannend und sie möchte auch die Welt in dem Sinne umspannen, als dass sie die verschiedenen Kulturen und Religionen, vor allem die Traditionen des Islams und des Christentums, in ihrer gläubigen wie ihrer säkularisierten Form, miteinander in Beziehung setzt. Für eine pluralistische Gesellschaft im Sinne Wolfgang Welschs[8] ist Cumart der richtige Autor zur richtigen Zeit. Man muss ihn nur lesen.

*Stefan Neuhaus*
*Professor für Neuere deutsche Literatur*
*Universität Koblenz*

8 *Unsere postmoderne Moderne.* Berlin: Akademie 2002

Wir danken der „Alles Gute-Stiftung“
der Kreissparkasse Stade
für die großzügige Förderung dieses Buches.

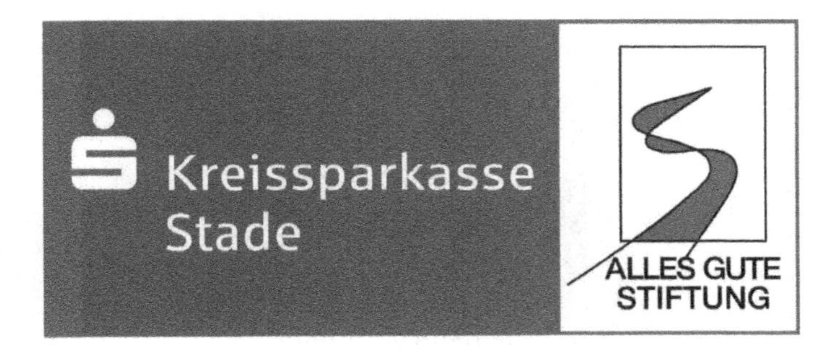

www.medien-contor-elbe.de